AF364522

إيقان بونين

Иван Бунин • Ivan Bunin

 ناتالي
Natali

 تانيا
Tanja

روايتان
في كتاب

ترجمة: د. علي حافظ

SAMEH
Publishing دار سامح للنشر

يحتوي هذا الكتاب الترجمة العربية لقصتيّ «ناتالي» Natali و«تانيا» Tanja

للمؤلف: إيڤان بونين Ivan Bunin

2021 © حقوق الترجمة العربية محفوظة للناشر

البريد الإلكتروني: info@sameh.se

الموقع الإلكتروني: www.sameh.se

الترجمة من اللغة الروسية: د. علي حافظ

المراجعة اللغوية للنص العربي: ميساء جزائرلي

تصميم الغلاف: كريم محمد

صورة الغلاف: Yan, Pexels.com

التصميم الداخلي: ياسمين

الطبعة الأولى، 2021

ردمك: 978-91-986811-5-4

ناتالي

1

في ذلك الصيف، اعتمرت قبعتي الطلابية لأول مرة، وكنت مفعماً بسعادة خاصة؛ تلك السعادة التي ترافق بداية حياة شاب حر، ولا يشعر بها المرء إلا في هذا العمر. فقد نشأتُ في كنف عائلة قروية نبيلة وصارمة؛ ولذلك كنت شاباً يحلم بالحب، ويبحث عنه بشغف. كما كنت نقياً روحاً وجسداً، أحمرّ خجلاً لدى سماعي أحاديث رفاقي الحرة في المدرسة الثانوية[1]، ما جعلهم يستاؤون قائلين: «ليتك التحقت بالرهبان يا ميشيرسكي!»[2].

لكنني في ذلك الصيف لم أكن لأحمر خجلًا. فبعد وصولي إلى المنزل لقضاء الإجازة، قررت أن الوقت قد حان لأكون مثل أي شخص آخر، وأنتهك طهارتي بحثاً عن الحب بدون رومانسية. وبسبب هذا القرار، ورغبتي في إظهار قبعتي الزرقاء، بدأت السفر بحثاً

---

(1) يستخدم المؤلف هنا كلمة «الجمنازيوم»، وهي تعادل المدرسة الثانوية. جميع الهوامش في هذا الكتاب وضعها المترجم.

(2) فيتالي ميشيرسكي: يرجى الانتباه هنا؛ لأن الكاتب يستخدم الاسم «فيتالي» مرة، والكنية «ميشيرسكي» مرات أخرى وهما عائدان للشخص نفسه.

عن لقاءات غرامية عند الأقارب والمعارف في الضواحي المجاورة. وهكذا، انتهى بي المطاف في عزبة خالي أولان تشيركاسوف المتقاعد والأرمل منذ فترة طويلة، ووالد ابنة خالي الوحيدة سونيا... وصلت متأخراً، ولم يستقبلني أحد في المنزل سوى سونيا.

فما إن قفزت من العربة التي تجرها الخيول، وركضت في الردهة المظلمة، حتى خرجت هي إلى هناك مرتدية رداء ليلياً من الفانيلا[3]، ورافعة شمعة في يدها اليسرى. سرعان ما قدمت لي خدها لأطبع عليه قبلة، وقالت هازّةً رأسها بسخريتها المعتادة:

- آه، الشاب الذي يتأخر دائماً؛ وفي كل مكان!

أجبتُها:

- حسناً، هذه المرّة لستُ المذنب بأي شكل من الأشكال. فليس الشاب من تأخّر، وإنما القطار!

- اصمت، الجميع نائمون. كدنا نموت طوال المساء ونحن نترقّب وصولك بنفاد صبر، وأخيراً فقدنا الأمل بقدومك. وقد ذهب أبي إلى فراشه غاضباً؛ بعد أن وصفك بالشخص التافه. ويبدو أن إفرايم العجوز الأحمق قد بقي في المحطة بانتظار قدوم قطار الصباح. أمّا ناتالي فقد غادرت مستاءة، وذهبت الخادمة أيضاً،

---

(3) الفانيلا قماش ذو نعومة مختلفة، غالباً ما يصنع من الصوف أو القطن أو الألياف الصناعية، ويتميز بوجود وبر متناثر رقيق على الوجهين أو من جانب واحد، ما يجعل ملمسه لطيفاً.

ليتضح أنني وحدي من أتحلى بالصبر والوفاء لك... حسناً، بدّل ملابسك لتناول العشاء.

فأجبتُها، وأنا أنظر بإعجاب إلى عينيها الزرقاوين، وذراعها المرفوعة والمكشوفة حتى الكتف:

«شكراً لك يا صديقتي العزيزة. الآن يسعدني بشكل خاص أن أكون مقتنعاً بإخلاصك. فقد أصبحت جميلة جدّاً، وسيكون من المستحيل أن تفارقك نظراتي الجريئة. يا لها من يد! ويا له من عنق! وما أروع هذا الرّداء الناعم الذي ربما لا ترتدين شيئاً تحته!»

فما كان منها إلّا أن ضحكت وقالت:

«لا شيء تقريباً. ولكنك أصبحت جديراً بالثناء؛ إذ يبدو بوضوح أنّك نضجت. فنظراتك صارت مفعمة بالحيوية، وشاربك أسود... ولكن، ما الذي حدث لك؟ فخلال العامين المنصرمين اللذين لم أرَك فيهما، ها قد تحوّلت من صبي يحمر خجلاً، إلى رجل وقح ومثير للاهتمام. وهذا من شأنه أن يعدنا بالكثير من ملذات الحب- كما اعتادت جداتنا القول- إن لم تكن تلك الملذات من نصيب ناتالي التي ستقع في حبها حتى الموت ما إن تراها صباح الغد.

«من هي ناتالي؟!» سألتها وأنا أتبعها إلى غرفة الطعام المضاءة بنور ساطع ينبعث من مصباح معلق، والتي تُطِل نوافذها المفتوحة على عتمة ليلة صيفيّة دافئة وهادئة.

- إنّها ناتاشا[4] ستانكيفيتش، صديقتي في المدرسة الثانوية. وقد جاءت لزيارتي، وهي تُقيم عندي. إنّها جميلة حقاً، وليست مثلي. تخيّل: رأس جميل، وشعر «ذهبي»، وعينان سوداوان. لا، لا يمكن القول عنهما إنّهما عينان، بل شمسان سوداوان؛ إذا عبّرنا عنهما باللغة الفارسية. وبالطبع، رموش طويلة وسوداء أيضاً، وبشرة ذهبية مذهلة، وكتفان، وكل شيء آخر...

«أي شيء آخر؟» سألتها وأنا مُعجب بالمنحى الذي يتّخذه حديثنا أكثر فأكثر.

- صباح غد سنذهب معاً للسباحة... وأنصحك بتسلق الشجيرات، ثم سترى ما أقصده بكل شيء... إنها مثل الحورية...

وعلى مائدة غرفة الطّعام، كانت هناك شرحات لحم باردة، وقطعة من الجبن، وزجاجة من نبيذ القرم الأحمر.

«لا تغضب، فلا يوجد أي شيء آخر». قالت ذلك وهي تجلس وتسكب الخمر لي ولنفسها وتابعت: «ولا حتى فودكا. ولكن حسناً، الحمد الله، سيكون بإمكاننا تبادل الأنخاب بملء كوبينا بالنبيذ على الأقل».

- ما الذي تقصدينه بالضبط بقولك الحمد الله؟

- اعثر لي على عريس مناسب يتفهّم وضعي في أقرب وقت ممكن.

---

(4)   اسم تصغير من ناتاليا أو ناتالي.

فأنا في الحادية والعشرين من عمري، ولا يمكنني الزواج في مكان بعيد. لا أستطيع ذلك بأي حال من الأحوال؛ فمع من سيبقى أبي؟

- حسناً، إن شاء الله!

تبادلنا الأنخاب. وبعد أن شربَتِ الكوب كله ببطء، أخذت تنظر إليّ مجدّداً بابتسامة غريبة وأنا أستعمل الشوكة؛ فبدا لي وكأنها تقول لنفسها:

«نعم، أنتَ رائع ووسيم للغاية. تبدو مثل جورجي، في حين كنت نحيفاً جداً وشاحب الوجه في ما مضى. لقد تغيّرت كثيراً، وأصبحت ممتعاً. وها هما عيناي تتحركان الآن فقط... هذا لأنكَ تحرجني بسحرك الخاص».

ففكّرت في سرّي، وأنا أتفحصها بمرح: «أنتِ أيضاً لم تكوني هكذا من قبل...»

وكانت قد جلست في الجانب الآخر من الطاولة، وتربعت كلها على الكرسي بعد أن طوت ساقها تحتها، ووضعت ركبتها بالكامل على ركبتها الأخرى، ومالت نحوي قليلاً، فلمعت يداها السّمراوان تحت ضوء المصباح، ومضت عيناها المبتسمتان باللون الأزرق والأرجواني. أمّا شعرها الكثيف الناعم الضارب إلى الحمرة مثل الكستناء، والمجدول في ضفيرة كبيرة فبدا متألّقاً. فيما كشفت ياقة

ردائها المفتوحة عن رقبة مُسمَرّة وبداية صدر ممتلئ، ارتسم عليه أيضاً مثلث من السُّمرة. وعلى خدها الأيسر ظهرت شامة فيها شعر أسود مجعّد.

- حسناً، ماذا عن الأب؟

واظبت على النظر إليّ بالابتسامة نفسها، وأخرجت من جيبها علبة سجائر فضية صغيرة وعلبة ثقاب فضية، ثم أشعلت سيجارة ببراعة مفرطة، وجلست مُعدِّلة من وضعية فخذها المضغوطة تحتها:

- الحمد لله، أبي على ما يرام. فهو لا يزال صريحاً وقاسياً، ينقر بعكازه، ويضرب الطباخ ذا الشعر الشائب، ويصبغ شاربه ولحيته سراً بشيء ما بني اللون، وينظر بشجاعة إلى المسيح... ولكنّه فقط يرتجف بإصرار، ويهز رأسه أكثر من ذي قبل، ولا يوافق أبداً على أي شيء.

وصمتت قليلاً، ثم سألتني ضاحكة:

- هل تريد سيجارة؟

أشعلتُ سيجارة- على الرغم من أنه لم يسبق لي التدخين من قبل- فيما ملأت هي كوبينا مجدّداً، ونظرتْ إلى الظلام خارج النافذة المفتوحة، وتابعت:

«نعم، في الوقت الحالّي، الحمد لله. فالصيف جميل... يا لها من ليلة! أليس كذلك؟ ولكنّ العنادل صامتة فقط. أنا سعيدة جداً برؤيتك.

عند الساعة السادسة أرسلت إفرايم لإحضارك، إذ خشيت أن يتأخر هذا الفاقد عقله على القطار. انتظرتك بفارغ الصبر. وبعد ذلك، شعرت بالسعادة لأنك تأخّرت فغادر الجميع. وهكذا، عند مجيئك سيكون بوسعنا الجلوس وحدنا. لسبب ما، اعتقدت أنك تغيّرت كثيراً؛ فهذا ما يحصل غالباً للأشخاص أمثالك. وكما تعلم، إنه لمن دواعي سروري أن أجلس بمفردي في المنزل بأكمله في ليلة صيفية، منتظرة شخصاً ما قادماً على متن القطار؛ ومتشوّقة لسماع وقع خطواته، وقرعه الأجراس، وخطوه بسرعة في طريقه إلى مدخل المنزل...»

أمسكت يدها بثبات فوق المائدة، وأطبقت عليها بأصابعي، فشعرت بانجذاب إليها. في حين أخرجت هي حلقات الدخان من شفتيها بهدوء ومرح. وبعد لحظات، تركتُ يدها وقلتُ مازحاً:

- لقد تحدّثت عن ناتالي... ولكن، لا يمكن لأية ناتالي أن تقارن بك... بالمناسبة، من هي؟ ومن أين هي؟

- إنها من فورونيج[5] خاصتنا، من عائلة رائعة كانت غنية جداً في يوم من الأيام، ولكنها الآن مجرد عائلة متسولة. فعلى الرّغم من تحدّثهم بالإنجليزية والفرنسية في المنزل، إلّا أنه ليس هناك ما

---

(5)   نسبة إلى مدينة فورونيج الروسية.

يأكلونه... ناتالي فتاة مؤثرة للغاية؛ فهي نحيلة، ولا تزال هشة. كما أنّها ذكية، ولكنها غامضة جداً؛ بحيث لا يمكنك أن تكتشف فوراً ما إذا كانت ذكية أم غبية... آل ستانكيفيتش يُعتبرون جيراناً مقرّبين من ابن عمك العزيز أليكسي ميشيرسكي. إذ تقول ناتالي إنه غالباً ما جاء لزيارتهم شاكياً من حياة العزوبية. ولكنها لا تحبه. ولكنّه غني، لذلك يعتقدون أنها ستتزوّجه من أجل المال، وتضحّي بنفسها من أجل والديها.

- حسناً، لنعد إلى موضوعنا. ناتالي، ناتالي، لكن ماذا عن علاقتنا العاطفية أنا وأنت؟

أجابتْ:

- لن تُعيق ناتالي علاقتنا الرومانسية... وصحيح أنك ستصاب بالجنون من حبك لها، ولكنك ستتبادل القبل معي، وستبكي على صدري من قسوتها، وسأعزيك.

- لكنك تعلمين أنني واقع في حبك منذ فترة طويلة.

- نعم. غير أنّه مجرد حب عادي لابنة الخال. وعلاوة على ذلك كان خفياً للغاية، وكنتَ مضحكاً ومملاً حينها. لكن الله يحبك، لذا سأغفر لك غباءك السابق، وأنا مستعدة لبدء علاقتنا الرومانسية غداً؛ على الرغم من وجود ناتالي. أما الآن، فسنذهب إلى الفراش؛ إذ يجب أن أستيقظ غداً باكراً لأداء الأعمال المنزلية...

وما إن أنهت كلامها حتّى نهضت ولفّت رداءها حول جسدها،

ثم أخذت من الرّدهة شمعة ذائبة تقريباً، وقادتني إلى غرفتي. وعلى عتبة الغرفة قبّلتها بنهم طويلاً، وضغطتها بقوة إلى العارضة العلوية للباب، في حين أغمضت هي عينيها، وأخفضت الشمعة المقطرة نحو الأسفل شيئاً فشيئاً. كنت مبتهجاً ومستغرباً في الوقت نفسه. فطوال العشاء غمر قلبي مزيج من الدّهشة والفرح وأنا أفكّر في حظّي السعيد؛ فيبدو أنّ نصيبي أن أحظى بالحبّ فجأة في بيت تشيركاسوف.

تركتني بوجه قرمزي، ثم رفعت إصبعها أمام وجهي وقالت بهدوء:

- انظر الآن، إيّاك غداً أن تتجرأ على التهامي بـ «عينين شغوفتين» أمام الجميع! ليحفظنا الله إذا لاحظ والدي أي شيء؛ فهو يخاف مني بشدة، وأنا أكثر خوفاً منه. ولا أريد أن تنتبه ناتالي إلى أي شيء، فأنا خجولة جداً. ومن فضلك، لا تحكم عليّ من خلال الطريقة التي أتصرف بها معك. أمّا إذا لم تطع أمري، فعلى الفور ستصبح مقرفاً بالنسبة إليّ...

خلعت ملابسي وسقطت على الفراش وأنا أشعر بالدوار والإرهاق. ولكنني نمت بهدوء فوراً وأنا غارق في السعادة، وغير مدرك تماماً للمحنة الكبيرة التي تنتظرني مستقبلاً؛ فنكات سونيا لن تكون مجرد مزاح.

بعد ذلك، تذكرت أكثر من مرة- كنوع من الفأل المشؤوم- أنني

عندما دخلت غرفتي وقدحت عود الثقاب لإضاءة الشمعة، اندفع نحوي بكل رفق خفاش كبير. اقترب من وجهي كثيراً للدرجة أنني حتى في ضوء عود الثقاب، رأيت بوضوح خَطْمه المخملي الداكن المقزّز وأذنيه وأنفه الأفطس؛ كما رأيته وهو يلتوي مرفرفاً بطريقة مثيرة للاشمئزاز، قبل أن يغوص في سواد النافذة المفتوحة. ولكنني بعد ذلك نسيته على الفور.

2

في صباح اليوم التالي، رأيت ناتالي للمرّة الأولى بشكل عابر. إذ قفزتْ فجأة من الردهة إلى غرفة الطعام، وجالت بنظرها هناك. لم تكن قد مشطت شعرها بعد، وكانت ترتدي قميصاً داخلياً رقيقاً مصنوعاً من شيء ما برتقالي اللون. وبعد أن ومضت بقميصها البرتقالي ذاك، ولمعت بشعرها الذهبي وعينيها السوداوين اختفت. في تلك اللحظة، كنت وحدي في غرفة الطعام؛ فقد تناول أولان فطوره مبكراً وغادر، وكنت قد أنهيت للتو شرب القهوة ونهضت عن المائدة. وفيما أنا ألتفت صدفة...

كنت قد استيقظت في وقت مبكر جداً من صباح ذلك اليوم، بينما الصمت التام يسود كل أنحاء المنزل الذي احتوى على غرف عديدة جعلتني في ما مضى أتوه بينها أحياناً.

فبعد ليلة نمت فيها بعمق، فتحت عينيّ في غرفة خلفية بعض الشيء، تطل نوافذها على الجزء المظلل من الحديقة. اغتسلت، ثم ارتديت ملابس نظيفة وأنا أشعر بالسرور؛ إذ كان رائعاً بشكل

خاص ارتداء قميص جديد من الحرير الأحمر. ثمّ مشطت شعري الأسود المبلل الذي حلقته بالأمس في مدينة فورونيج بطريقة جعلته يبدو أكثر جمالاً. وبعد ذلك، خرجت إلى الممر، ثم انتقلت إلى آخر، لأجد نفسي أمام باب مكتب أولان وحيث توجد غرفة نومه. طرقت الباب؛ رغم معرفتي أنه يستيقظ في تمام الساعة الخامسة صباحاً أثناء فصل الصيف.

لم يُجِب أحد... ففتحت الباب، ونظرت إلى الداخل، وسعدت برؤية هذه الغرفة الفسيحة القديمة، ذات النافذة الإيطالية ثلاثيّة المصاريع، والتي تقع تحت شجرة حور عمرها مئة عام. كانت الغرفة على حالها: فإلى اليسار، شغلت خزائن كتب مصنوعة من خشب البلوط الجدار بأكمله، وفي مكان بينها عُلِّقت ساعة من خشب الماهوغني ذات قرص نحاسي لبندول ثابت. وفي مكان آخر، تجمّعت كومة من الأنابيب ذات السيقان المطرزة بالخرز، وقد تدلَّى فوقها جهاز لقياس الضغط الجوي. وفي مكان ثالث، وُضِع مكتب من أيام الجد، مع قطعة قماش خضراء ضاربة إلى الحمرة تغطِّي لوحاً من خشب الجوز المطوي، وعلى قطعة القماش تلك كانت هناك ملاقط معدنية ومطارق ومسامير ومنظار نحاسي. أمّا الحائط القريب من الباب، فقد توزّعت عليه صور باهتة في إطاراتها البيضاوية في ما يشبه معرضاً للصّور؛ تماماً فوق الأريكة الخشبية. وتحت النافذة، تموضعت طاولة للكتابة وكرسي عميق ذو ذراعين؛

وكلاهما كبيرا الحجم أيضاً. فيما إلى اليمين، فوق سرير واسع من خشب البلوط، عُلِّقت لوحة غطت الحائط بأكمله، وعلى خلفيتها المسودة بالورنيش بالكاد ظهرت سحب دخانية داكنة وأشجار شاعرية المظهر ذات لون أزرق مائل إلى الخضرة، وفي مقدمتها لمعت- مثل بياض بيضة متحجر- امرأة جميلة عارية وقوية البنية، بالحجم الطبيعي تقريباً. كانت واقفة في مواجهة المُشاهِد مُستديرة نصف استدارة، وعلى وجهها تظهر ملامح الفخر. بدا بوضوح ظهر جسمها الممتلئ، ومؤخرتها شديدة الانحدار، والجزء الخلفي من رجليها القويّتين. في حين غطّت أصابع يدها المتطاولة والمتباعدة حلمة ثديها بإغراء، فيما امتدت اليد الأخرى أسفل البطن؛ نحو الطيات المدهنة.

وفيما كنت أتأمّل المكان حولي طيلة ذلك الوقت، لم أنتبه إلى وقع خطوات أولان. وفجأة، سمعت ورائي صوته القوي، وهو يقترب منّي من جهة المدخل حاملاً عكّازه:

- لا يا أخي، لن تجدني في غرفة النوم في مثل هذا الوقت؛ أنت الذي ترقد على السّرير رغم أن الشّمس غطّت ثلاث أشجار بلوط. قبّلت يده العريضة الجافة وسألته:

- أي أشجار بلوط يا خالي؟

- هذا ما يقوله الفلاحون!

أجاب وهو يهزّ قبعته الرمادية، وينظر إليّ بعينين صفراوين ما

زالتا حادّتي البصر وتقدحان ذكاء.

- أشرقت الشمس على ثلاث أشجار بلوط، وما زال خطمك عالقاً في وسادتك كما يقول الفلاحون. حسناً، دعنا نذهب لشرب القهوة...

إنه رجل عجوز رائع، ولديه منزل رائع؛ فكرت في سرّي وأنا أتبعه إلى غرفة الطعام التي تطل نوافذها المفتوحة على الحديقة الخضراء، وكلّ وسائل الرفاهية الصيفية لعزبة القرية.

كانت هناك خادمة عجوز صغيرة الحجم محدبة الظهر لتقوم بالخدمة. شرب أولان شاياً ثقيلاً مع القِشدَة من كوب كبير موضوع في حامل أكواب فضي؛ ممسكاً بإصبعه العريضة الساق الرقيقة الطويلة الملتوية للمعقة ذهبية أثرية مستديرة وُضِعت داخل الكوب. أما أنا فأكلت قطعة تلو الأخرى من الخبز الأسود مع الزبدة، وسكبت لنفسي فنجاناً من القهوة من إبريق فضي ساخن. اهتم أولان بنفسه فقط، دون أن يسألني عن أي شيء، وتحدث عن ملّاكي الأراضي الجيران؛ ساخراً منهم بكل طريقة، وذامّاً إيّاهم... تظاهرت بالاستماع إليه- وأنا أنظر إلى شاربه وذقنه والشعر الكثيف في نهاية أنفه- منتظراً مجيء ناتالي وسونيا بلهفة؛ لدرجة أنني لم أستطع الجلوس ساكناً في مكاني: من هي ناتالي هذه؟ وكيف سيكون لقائي مع سونيا بعد ليلة أمس؟! شعرت بالبهجة والامتنان لها، وفكرت في غرفة نومها التي تتشاركها مع ناتالي، وفي كل ما يدور من فوضى

الصباح في غرفة النوم النسائية تلك...

ربما لا تزال سونيا تقول شيئاً لناتالي عن حبنا الذي بدأ البارحة. إذا كان الأمر كذلك، فأنا أشعر بشيء مثل الحب تجاه ناتالي؛ ليس لأنها تبدو جميلة، بل لأنها أصبحت بالفعل شريكتنا السرية. وهنا تساءلت في سرّي: لماذا؟ ألا يمكنك أن تحب الاثنتين؟

الآن ستدخلان بكل نضارتهما الصباحية لترياني، وستنظران إلى جمالي الجورجي وقميصي الأحمر. ستتحدثان وتضحكان وتجلسان إلى المائدة، وستصبّان بشكل جميل من إبريق القهوة الساخن هذا: شهيّة شبابية صباحية، وإثارة فتية صباحية، وبريق عيون ناعسة، وطبقة خفيفة من البودرة على الخدود التي تبدو أكثر انتعاشاً بعد النوم، وضَحِك على كل كلمة؛ ليس ضحكاً طبيعياً تماماً، بل أكثر سحراً... وقبل الفطور ستمشيان عبر الحديقة في طريقهما نحو النهر، وستخلعان ملابسهما في الحمام؛ لتنير السماء الزرقاء جسديهما العاريين من الأعلى، وبريق الماء الصافي من الأسفل...

كان الخيال دائماً حياً لديّ. ورأيت في خيالي كيف ستقف سونيا وناتالي، وكيف ستمسكان بدرابزين السلم في الحمام، وتنزلان بإحراج فوق درجاته حتى تصبحان مغمورتين بالماء ومبللتين، باردتين وزلقتين بسبب الوحل المخملي الأخضر الذي غطّاهما؛ وكيف ستُرجع سونيا رأسها كثيف الشعر إلى الوراء، وتسقط بحزم في الماء بثدييها المرتفعين. ستبدو كلها مرئية بشكل غريب في

الماء؛ كجسم طباشيري مزرق ينشر بشكل مائل ذراعيه وساقيه في اتجاهات مختلفة، تماماً مثل الضفدع...

«حسناً، حتى الغداء. فكما تذكر، الغداء عند الساعة الثانية عشرة». قال أولان ذلك قبل أن يقف وهو يهز رأسه، فرأيتُ ذقنه المحلوقة وشاربه البني المتصل بها. بدا طويل القامة، وذا شيخوخة مهيبة. إذ كان يرتدي بذلة فضفاضة من الحرير لونها رملي مصفر، وينتعل حذاء ذا مقدمة عريضة، ويمسك بيده العريضة المغطاة بالبقع السوداء عكّازه... ربّت على كتفي وابتعد بخطوات سريعة... وبعد ذلك، عندما نهضت أيضاً للخروج إلى الشرفة، قفزت هي كومضة واختفت، لتذهلني على الفور وتثير في نفسي البهجة والإعجاب. خرجتُ إلى الشرفة مندهشاً: «إنها جميلة حقاً!»

وقفت هناك مدة طويلة؛ وكأنني أستجمع أفكاري، ثم دخلت غرفة الطعام بانتظارهما. ولكن عندما سمعت صوتيهما أخيراً من جهة الشرفة، ركضت فجأة إلى الحديقة، وأنا أشعر ببعض الخوف؛ ليس من كلتيهما بالطبع، بل ممّا أخفيه تجاههما. فمع إحداهما لدي بالفعل سر آسر. بل ربما كان تأثّري بناتالي التي أعمتني في تلك اللحظة التي رأيتها فيها قبل نصف ساعة هو الآسر.

مشيت في الحديقة التي تقع في الأراضي المنخفضة للنهر مثل العزبة بأكملها. وحين تغلبت على نفسي أخيراً، تقدّمت إلى الأمام ببساطة مصطنعة لأواجه شجاعة سونيا المرحة، وأستمع إلى دعابات ناتالي

الحلوة التي ارتسمت على ثغرها ابتسامة جميلة، ونظرت إليَّ بعينيها السّوداوين اللامعتين من خلال رموشها السوداء، فبدت لافتة المظهر بشكل خاص؛ ولا سيما لون شعرها:

- ها قد التقينا بالفعل!

ثم وقفنا على الشرفة، متكئين بمرافقنا على درابزين حجري، ونحن نشعر بحرارة الصّيف اللاهبة تخبز رؤوسنا المكشوفة. وقفت ناتالي بجانبي، فيما عانقتها سونيا وبدت وكأنها تنظر بذهول إلى مكان ما، وراحت تغني بابتسامة: «وسط حفلة الرقص الصّاخبة، مصادفة...»؛ ثم قومت وقفتها وقالت:

- حسناً، هيّا بنا نسبح... نحن أولاً، ثم ستأتي أنت...

ركضت ناتالي لإحضار الملاءات، بينما بقيت سونيا وهمست لي:

- أرجوك، تظاهر بأنك وقعت في حب ناتالي من الآن فصاعداً. واحذر... إذا اتضح أنه ليس تظاهراً.

كدت أجيب بوقاحة مرحة، ولكن ذلك لم يعد ضرورياً بعد أن ألقت نظرة خاطفة نحو الباب، ثم أضافت بهدوء:

- سآتي إليك بعد الغداء...

عندما عادتا، ذهبت أنا إلى الحمام: سرت أولاً عبر درب طويل تنتشر على جانبيه أشجار البتولا، ثم بين مختلف الأشجار القديمة على الساحل، حيث تفوح رائحة مياه النهر الدافئة ويصدح نعيب

طيور الغُدَاف(6) من قمم الأشجار... سرت وأنا أفكّر مجدداً في الشعورين المتعارضين تماماً اللذين أحسّ بهما تجاه كل من ناتالي وسونيا، وفي حقيقة أنني سأسبح في الماء نفسه الذي سبحتا فيه للتو...

بعد تناول طعام الغداء المؤلف من الأوكروشكا(7) والدجاج المقلي والتوت مع القشدة؛ وسط كل تلك السعادة والفراغ والحرية التي أطلت من الحديقة عبر النوافذ المفتوحة- السماء والمساحات الخضراء والشمس- تجمّدت في مكاني قلقاً من وجود ناتالي، وسئماً من انتظار تلك اللحظة التي سيهدأ فيها المنزل بأكمله في فترة ما بعد الظهر لأجتمع بسونيا التي بدت أثناء تناول الغداء خلّابة المظهر؛ لا سيما بعد أن وضعت وردة مخملية حمراء داكنة في شعرها. إذ ستأتي إليّ سراً لتواصل ما قمنا به ليلة الأمس، ولكن بشكل غير متسرع...

ذهبتُ إلى غرفتي فوراً وأغلقت الستائر، ثم استلقيت على الأريكة التركية بانتظارها؛ مستمعاً إلى صمت العزبة، وإلى الغناء الخامل للطيور في الحديقة في فترة ما بعد الظهيرة، ومستمتعاً بالهواء المنعش الذي تسلل عبر الستائر حاملاً عبق الزهور والأعشاب... فكرت بلا أمل: كيف يمكنني العيش الآن في هذه الازدواجية من

---

(6) طائر كبير نسبياً ذو ريش أسود لامع ومنقار حادّ، ينتمي إلى فصيلة الغرابيات وله تسميات أخرى مختلفة.

(7) طبق تقليدي من المطبخ الروسي، وهو عبارة عن حساء بارد مطبوخ من مزيج أنواع مختلفة من اللحوم أو الأسماك.

اللقاءات السرية مع سونيا بجوار ناتالي؟! وتذكّرت مظهر سونيا حين كانت متّكئة على الدّرابزين الحجريّ القديم الساخن بفعل أشعة الشمس- إذ بدت مغرية بجسدها النّحيف المنحني، ومرفقيها الأنثويين الناعمين- فاستحوذت عليّ فرحة الحب النقي، والحلم العاطفي؛ بالنظر إليها فقط بهذا العشق المبهج.

إذ بدت بثوبها المخملي ذي الزخارف فيما هي منحنية إلى جوار ناتالي معانقة كتفها وكأنها صبية قد تزوجت للتو. أما ناتالي فقد لاحظت حينها كمال جسمها الفتي الذي ظهر واضحاً؛ فقد كانت ترتدي تنورة قماشية وقميصاً روسياً قصيراً مطرزاً، فبدت في سن المراهقة تقريباً. كانت تلك أعظم فرحة، ولم أجرؤ حتى على التفكير في إمكانية تقبيلها بالمشاعر نفسها التي قبّلت بها سونيا بالأمس!

كان شعرها المحمر ملتصقاً بجلدها الذهبي الجاف. ومن خلال الكم الرّقيق والواسع لقميصها المطرّز على الكتفين باللونين الأحمر والأزرق كان بالإمكان رؤية يدها الرفيعة. حينها، نظرت إليها وفكرت: ما الذي سأشعر به لو تجرأت على لمسها بشفتي؟!

وكأنها شعرت بنظراتي نحوها، التفتت إليّ بعينيها السّوداوين اللامعتين، وشعرها اللامع تحت أشعة الشمس والمسرّح بجديلة كبيرة. وعلى الفور مشيت بعيداً، وأخفضت عينيّ على عجل، فرأيت ساقيها من خلال حافة تنورتها وهما تتألقان تحت الشمس، وكاحليها الرفيعين والقويين اللذين يغطّيهما جوربان رماديان

شفافان...

فتحت سونيا الباب وأغلقته بسرعة، فيما الوردة لا تزال تزين شعرها، ثم صرخت بهدوء:

- كيف نمت؟

وعلى الفور، قفزت وأمسكت يديها:

- ما بك؟ ما بك؟! وهل يمكنني النوم؟!
أجابت:

- أغلق الباب بالمفتاح...

فهرعتُ إلى الباب، بينما جلست هي على الأريكة، وأغمضت عينيها ونادتني:

«حسناً، تعال إليّ». وسرعان ما تلاشى خجلنا وتعقُّلنا.

لم ننطق بكلمة واحدة تقريباً خلال تلك الدقائق. وهي- بكل سحر جسدها الحار- سمحت لي أن أقبّلها في كل مكان؛ تقبيلاً فقط. وأغمضت عينيها أكثر فأكثر، وتوهج وجهها أكثر فأكثر. ومرة أخرى، فيما هي تغادر وشعرها منسدل على كتفيها، هددت بصوت هامس:

- في ما يتعلّق بناتالي، أكرر: احذر من تجاوز حدّ التظاهر... فشخصيتي ليست لطيفة على الإطلاق كما قد تظن!

غادرت غرفتي تاركة الوردة ملقاة على الأرض... فخبأتها في درج المنضدة. وبحلول المساء أصبح مخملها القرمزي الغامق خاملاً وأرجوانياً.

3

ظاهرياً، بدت حياتي عادية بالنسبة إلى الجميع، ولكنني ضمنياً لم أكن أعرف دقيقة سلام واحدة، لا سيما بعد أن تعلّقت بسونيا أكثر فأكثر. إذ أصبحتُ معتاداً على لقاءاتنا العاطفية الليلية الحلوة والمرهقة- فهي حتّى الآن لا تأتي إليّ إلا في وقت متأخر من المساء؛ أي عندما يخلد جميع قاطني المنزل إلى النوم- كما أصبحت مراقبة ناتالي سراً ومتابعة كل حركة من حركاتها أكثر إيلاماً وإثارة للنشوة.

وفي تلك العطلة الصيفيّة، سار كل شيء في حياتي بترتيب المعتاد: اللقاءات في الصباح، والسباحة قبل الغداء، ثم الغداء، وبعد ذلك الاستراحة- كل في غرفته- ومن ثمّ الذهاب إلى الحديقة؛ حيث كانت الفتاتان تطرزان شيئاً ما وهما تجلسان في درب طويل تنتشر على جانبيه أشجار البتولا، وتجبرانني على قراءة روايات غونشاروف[8] بصوتٍ عالٍ، أو تصنعان المربى في مرج مظلل تحت أشجار البلوط

---

(8) إيفان غونتشاروف: روائي وكاتب وناقد أدبي روسي عاش في القرن التاسع عشر. اشتهر بسبب ثلاثيته الروائية: «قصة عادية»، «حلم أوبلاموف»، و«الهاوية».

إلى يمين الشرفة، ليس بعيداً عن المنزل. أما عند الساعة الخامسة فيحين موعد شرب الشاي في مرج آخر مظلل إلى اليسار. وفي المساء، نذهب في نزهة، أو نلعب الكروكيه⁽⁹⁾ في الفناء الواسع أمام المنزل- أنا مع ناتالي ضد سونيا أو سونيا مع ناتالي ضدي- وعند الغسق، نتناول العشاء في غرفة الطعام...

ذات ليلة، خلد أولان إلى النوم بعد تناول العشاء، فجلسنا نحن لفترة طويلة في ظلام الشرفة. رحتُ أمازح سونيا ونحن ندخن، بينما أطبق الصمت على ناتالي.

وفي النهاية، قالت ناتالي لسونيا: «حسناً، هيّا إلى النوم!»

وبعد أن ودّعتهما، ذهبت إلى غرفتي وانتظرت بيدين باردتين تلك الساعة المفضّلة لديّ؛ أي عندما يصبح المنزل بأكمله مظلماً وهادئًا، لدرجة أنه يمكنني سماع تكتكة ساعة الجيب وهي تعمل بشكل متواصل ما إن أضع رأسي على السرير. وفيها الشمعة المشتعلة تذوب ببطء، كانت الأفكار تهاجمني من دون رحمة فأتساءل مرتعباً: ما الخطأ الذي ارتكبته حتّى يعاقبني الله هكذا؟! لِمَ جعلني أشعر بالحبّ تجاه امرأتين مختلفتين جداً وعاطفيتين للغاية في وقت واحد؟! فأنا أتألّم لأنني أعشق ناتالي الجميلة، ولكنني في المقابل أشعر بنشوة جسدية حين أكون مع سونيا! شعرت بأننا- أنا وسونيا- لن نتحمل

29

قربنا الحميمي غير المكتمل، وأنني سأصاب بالجنون تماماً من انتظار لقاءاتنا الليلية، ومن الشعور بها بعد ذلك طوال اليوم... وأسوأ ما في الأمر أنّ هذا كله يحصل أمام ناتالي!

وقد تأثّرت سونيا باهتمامي بناتالي فشعرت بالغيرة، وانفجرت مرة مهدّدة إياي حين كنّا على انفراد:

«أخشى أن جلوسنا إلى الطاولة بحضور ناتالي لا يبدو للآخرين بريئاً كما ينبغي. فأبي قد بدأ يلاحظ شيئاً ما، وناتالي أيضاً. كما أن المربية متأكدة بالطبع من علاقتنا الرومانسية، وأعتقد أنها ثرثرت قليلاً أمامه. لذا، اجلس في الحديقة مع ناتالي بمفردكما لوقت أطول، واقرأ لها رواية «الهاوية»[10] التي لا تطاق، وأحياناً اصطحبها في نزهة عند المساء... إنه لشعور مزعج أن أراك محدّقاً إلى عينيها بشكل أحمق طيلة الوقت، وأشعر أحياناً بالكراهية تجاهك. ففي تلك اللحظة، أشعر بالرغبة في الإمساك بشعرك أمام الجميع؛ مثل أية أوداركا[11]... حسناً، ولكن ماذا عليّ أن أفعل؟!»

كان أكثر ما يزعجني هو أن ناتالي - كما بدا لي - بدأت تشعر بأن هناك شيئاً سرياً يجمع بيني وبين سونيا. غير أنّها التزمت الصمت ولم تتحدّث عن ذلك، حتى إنها سرعان ما دخلت دائرة الصمت أكثر فأكثر وهي تلعب الكروكيه أو تطرز باهتمام شديد. ومع مرور

---

(10) الجزء الثالث من ثلاثية إيفان غونتشاروف.

(11) اسم أنثوي شائع في أوكرانيا.

الوقت، خُيِّل إليّ أننا صرنا أكثر تقارباً، وتوطّدت علاقتنا. لذا، مازحتها مرة ونحن نجلس بمفردنا في غرفة الضيوف، فيما هي مستلقية على الأريكة تتصفح النوطات:

«سمعت يا ناتالي أننا ربما سنصبح قريبين».

فما كان منها إلّا أن نظرت إليّ بحدة، وقالت:

- وكيف هذا؟!

- ابن عمي أليكسي نيقولايتش ميشيرسكي...
  فلم تدعني أكمل، وقاطعتني قائلة:

- آه، هكذا إذاً! اعذرني، ولكن هل ذلك الرجل جيد التغذية، ذو الشعر الأسود اللامع، ذلك العملاق المشوّه ذو الفم الأحمر الممتلئ ابن عمّك؟... والأهمّ من ذلك، من أعطاك الحق في إجراء مثل هذه المحادثات معي؟

وعلى الفور شعرت بالخوف من ردّة فعلها، فقلت لها وأنا أمسك يدها:

«ناتالي، ناتالي... لماذا أنت صارمة هكذا معي؟ حتّى إنك لا تتقبّلين مزاحي أبداً! حسناً، سامحيني!»

فلم تسحب يدها، وقالت:

«ما زلتُ لا أفهم... أنا لا أعرفك... لكن، يكفي كلاماً عن ذلك...»

وما إن أنهت كلامها حتّى سحبت رجليها عن الأريكة ونهضت، ثمّ توجّهت إلى الشّرفة، واختفت عن ناظريّ فوراً قبل أن أرى حتّى حذاء التنس الأبيض الذي تنتعله.

في تلك الأثناء، كان الهواء في الحديقة قد أصبح أكثر برودة، فيما اقتربت سحابة من خلف الحديقة، واتسعت دائرة ضوضاء الصيف المريحة أكثر فأكثر، ثم هبت رياح محمّلة بالمطر بلطف... وفجأة، سيطر عليّ شعور غير منطقيّ، فوجدتني أصرخ بسعادة الشباب الذي يتصف بالحرية:

- ناتالي... دقيقة واحدة فقط!

فاقتربت من عتبة الباب وسألت:

- ماذا؟

- تنفّسي بعمق. يا لها من ريح! يا لهذا الإحساس المُفرح!

وحين التزمَتِ الصمت، تابعتُ كلامي:

- أجل، أنت لست لطيفة معي! هل لديك شيء ما ضدي؟

فهزت كتفيها بفخر وسألتني:

- ماذا؟! ولماذا سيكون لديّ شيء ضدك؟

وعند المساء، فيما كنا جميعاً مستلقين بصمت في ظلام الشرفة على الكراسي المصنوعة من الخيزران، ومضت النجوم في السماء المظلمة هنا وهناك، بينما تحرّكت السّحب التي تجرّها الرياح ببطء نحو النهر،

أما الضفادع فراحت تنقّ بصوت أشعرنا بالنعاس...

فجأة، قالت سونيا وهي تحاول السيطرة على تثاؤبها:

- أريد أن أنام باكراً بسبب المطر. فقد أخبرتني المربية أن القمر وُلِد صغيراً، والآن سيتم «غسله» لمدة أسبوع.

وصمتت قليلاً ثم أضافت:

- ناتالي، ما رأيك في الحب الأول؟

فردّت ناتالي من حيث تجلس في الظلام:

- أنا مقتنعة بشيء واحد؛ هناك فرق شاسع بين نظرة الفتى للحب الأول، ونظرة الفتاة إليه.

عندها، قالت سونيا:

- حسناً، هناك فتيات مختلفات...

غير أنها سرعان ما نهضت فوراً، قائلة بحزم:

- لا. هيّا إلى النوم... إلى النوم!

فأجابت ناتالي:

«سآخذ قيلولة هنا، فأنا أحب الليل».

وحين تأكّدت من ابتعاد خطوات سونيا، قلت لناتالي هامساً:

«قلنا كلاماً جارحاً اليوم!»

فأجابت: «نعم، نعم، لم نتكلم بشكل جيد...»

وفي صباح اليوم التالي، التقينا مجدداً، وبدا كل شيء هادئاً. ورغم أن المطر الخفيف تساقط طوال الليل، إلّا أنّ الطّقس بعد الغداء أصبح جافاً وساخناً. وقبل تناول الشاي عند الساعة الخامسة، جلست مع ناتالي في درب تنتشر على جانبيه أشجار البتولا، وحاولنا مواصلة قراءة «الهاوية» بصوتٍ عالٍ، فيما سونيا تقوم ببعض الحسابات المنزلية في مكتب أولان.

كانت ناتالي منحنية إلى الأمام وهي تخيط شيئاً ما، بينما ارتفعت يدها اليمنى أحياناً... رحت أقرأ، ومن وقت إلى آخر كنت أتأمّل بشوق يدها اليسرى المرئية من تحت الكم، ثمّ أرفع نظري إلى جديلة شعرها المحمر القريبة من ذراعها. وهكذا، تنقّلت نظراتي شيئاً فشيئاً من الجديلة المتدلّية على كتفها وصولاً إلى عنقها... قرأتُ بحيوية أكثر فأكثر، ولكن من دون أن أفهم كلمة واحدة. وفي النهاية قلت:

«حسناً، الآن حان دورك في القراءة...»

وعلى الفور، قوّمت جلستها واضعةً ما تخيطه جانباً؛ فبرز ثدياها تحت بلوزتها الرقيقة. ثم انحنت مجدّداً، وأخفضت رأسها إلى أسفل واضعة الكتاب على ركبتيها، وبدأت تقرأ بسرعة بصوت غير واضح... نظرتُ إلى يديها... وإلى ركبتيها المغريتين تحت الكتاب؛ وشعرت بأنني أتيه عشقاً مسحوراً بنبرة صوتها الدافئ.

في تلك اللحظة، أحسست كما لو أن الطبيعة أرادت أن تشاركنا

أجواءها الرّومنسيّة؛ إذ بدأت الطيور الصفارية[12] تغرّد أجمل الألحان أثناء تنقّلها في أجزاء مختلفة من الحديقة كعادتها قبل المساء، فيما تعلق أمامنا نقار خشب رمادي ضارب إلى الحمرة في مكان عالٍ على جذع شجرة صنوبر تنمو بمفردها في درب تنتشر على طرفيه أشجار البتولا...

«ناتالي، يا للون شعرك المذهل! فجديلتك تبدو أغمق لوناً بقليل، وتشبه لون الذرة الناضجة...»

أما هي فواصلت القراءة.

«انظري ناتالي... إنه نقار الخشب!»

فرفعت نظرها إلى الأعلى قائلة:

«نعم، نعم، لقد رأيته بالفعل. اليوم رأيته، وبالأمس رأيته... لا تعِقني عن القراءة».

فصمتُّ للحظات، ثم قلت مجدّداً:

«انظري إلى هذه، إنّها تبدو مثل الديدان الرمادية الجافة».

«ماذا؟ أين؟»

عندها، أشرت إلى المقعد بيننا؛ إلى فضلات الطيور الرمادية

____

(12) جنس من الطيور المغردة التي تنتمي إلى العائلة الصفارية التي تعيش بشكل رئيس في المناخات الاستوائية.

الجيرية الجافة.

«أحقاً؟!»

فأمسكتُ يدها، وأطبقت عليها بأصابعي، وغمغمت وأنا أضحك بسعادة:

«ناتالي، ناتالي!»

فما كان منها إلّا أن نظرت إليّ بهدوء ولفترة طويلة، ثم قالت:

«لكنك تحب سونيا!»

وعلى الفور، احمررتُ خجلاً كمحتال تم القبض عليه بالجرم المشهود، وتبرّأت من مشاعري تجاه سونيا بسرعة حماسية؛ لدرجة أنها فتحت شفتيها قليلاً وسألتني:

- أليس هذا صحيحاً؟

- ليس صحيحاً، ليس صحيحاً. نعم، أحبّها كثيراً، ولكن كأخت لي؛ لأننا نعرف بعضنا بعضاً منذ الصغر!

4

في اليوم التالي، لم تخرج ناتالي في الصباح لتناول الفطور أو عند الظهر لتناول الغداء؛ الأمر الذي أثار انتباه أولان فسأل سونيا:

«ما خطب ناتالي؟»

وما كان منها إلّا أن ضحكت ضحكة سيئة وأجابت:

«استلقت طوال الصباح مرتدية سترة، ولكن من دون أن تمشّط شعرها. كما تبدو على وجهها بوضوح آثار بكاء. وحين أخذوا لها قهوتها، لم تكملها...»

«ما الأمر؟ هل وقعت في الحب؟ الأمر بسيط جداً؛ فالحبّ كما يُقال «يؤلم الرأس»». قال أولان ذلك بمرح، ثمّ نظر إليّ وأومأ في ما يشبه الموافقة، ولكنه في الوقت نفسه هز رأسه رافضاً ذلك.

عند المساء، خرجت ناتالي من غرفتها لتناول الشاي فقط. ولكنها دخلت الشرفة بخفة وحيوية، وابتسمت لي بلطف وكأنها تشعر بالذنب قليلاً... فاجأتني بحيويتها وابتسامتها وأناقتها الجديدة.

إذ كان شعرها مشدوداً بإحكام، وبجعداً قليلاً من الأمام بطريقة متموّجة باستعمال ملاقط الشعر. أما فستانها فبدا مختلفاً عمّا اعتادت ارتداءه، فقد كان مصنوعاً من قماش أخضر، ومؤلَّفاً من قطعة واحدة، وبسيطاً للغاية وأنيقاً جداً؛ لاسيما عند التصاقه بالخصر. كما انتعلت حذاء أسود ذا كعبٍ عالٍ ملائماً له... شهقت شهقة مكتومة حين رأيتها، وأنا أشعر ببهجة غامرة لم يسبق لي الإحساس بها من قبل!

وعندما دخلت الشرفة فجأة وهي تتحرّك بحيوية ويبدو عليها ودّ مُحرِج نوعاً ما كنت أتفحص بعناية «النشرة التاريخية»[13]، والعديد من الكتب التي أعطاني إياها أولان. ما إن رأتني حتى قالت لي:

«مساء الخير. دعنا نذهب لشرب الشاي. اليوم أنا المسؤولة عن السماور[14]؛ فسونيا ليست على ما يرام».

- كيف؟ أمرة أنت، ومرة هي؟!

- في الصباح كان لدي صداع. أشعر بالخجل من قول ذلك، ولكنني الآن فقط رتبت نفسي...

- كم هو مذهل هذا اللون الأخضر الذي كحّلت به عينيك!

---

(13) النشرة التاريخية: مجلة تاريخية وأدبية روسية شهرية صدرت في مدينة سانت بطرسبرغ بين أعوام (1880 - 1917).

(14) السَّماوَر: وعاء معدني يستخدم لغلي الماء وتحضير الشاي، يُستخدم في روسيا وأوروبا الشرقية وبعض بلدان الشرق الأوسط.

وكذلك شعرك، ما أروعه!

وفجأة، سألتها وقد احمرّت وجنتاي خجلاً:

«هل صدقتني بالأمس؟»

فاستدارت مبتعدة برقّة وقد احمرّ وجهها:

«ليس على الفور، ليس تماماً. ثم فجأة أدركت أنه ليس لديّ سبب لعدم تصديقك... وفي الحقيقة، ما الذي يهمني بشأن مشاعرك تجاه سونيا؟ لكن، دعنا نذهب...»

عند العشاء، خرجت سونيا لتناول الطعام أيضاً، وحين سنحت لها الفرصة قالت لي:

«أنا مريضة! دائماً ما يكون الأمر صعباً جداً بالنسبة إليّ؛ لذا سأستلقي لمدة خمسة أيام. وعلى الرغم من أنني اليوم استطعت الخروج من غرفتي، إلا أنني لن أستطيع فعل هذا غداً. كن ذكياً في غيابي. أحبك بشكل رهيب، وأغار عليك بجنون. ألن تأتي لرؤيتي اليوم؟ أنت غبي».

حينها شعرت بمزيج من السعادة والتعاسة في آن واحد؛ فبانتظاري خمسة أيام سأمضيها برفقة ناتالي بحرّية تامّة، ولكنني في الوقت نفسه سأحرم من رؤية سونيا ليلاً لمدّة خمسة أيام!

لقد أدارت ناتالي المنزل لمدة أسبوع تقريباً، وكانت مسؤولة عن كل شيء، كما تنقّلت ما بين الفناء والمطبخ وقد لفّت حول خصرها

مريلة بيضاء.

لم يكن قد سبق لي قط أن رأيتها بشخصية عملية كهذه. وبدا واضحاً أن دور نائب سونيا ومضيفة الرعاية قد منحها متعة كبيرة. ويبدو أنها استراحت لبعض الوقت من مراقبتنا سراً- أنا وسونيا- ونحن نتحدّث معاً ونتبادل النظرات...

وطيلة تلك الأيام، شعرَتْ ناتالي بالرّضى لأن كل شيء يسير على ما يرام؛ لا سيما بعد أن تخطّت القلق الذي انتابها أثناء العشاء في الليلة الأولى. وقد قام الطاهي العجوز والخادمة الأوكرانية كريستيا بإحضار كل شيء، وتقديم الخدمة في الوقت المحدد، دون إثارة غضب أولان. كما كانت تقصد غرفة سونيا بعد الغداء- حيث لم يُسمح لي بالدخول- وتبقى معها حتى يحين موعد احتساء الشاي مساء، ثمّ طوال فترة ما بعد العشاء.

كان واضحاً لي أنها تجنبت التواجد معي بمفردها؛ فشعرتُ بالحيرة والملل، وعانيت من الوحدة. لماذا أصبحَتْ حنوناً معي ولكنّها مع ذلك تتجنّبني؟! أتخاف من سونيا، أو من نفسها؟ أو ربما من مشاعرها تجاهي؟

أردت أن أصدق هذه الفكرة لأستمتع بحلمي الرّائع: أنا لستُ على علاقة دائمة مع سونيا، ولن أظل معها إلى الأبد. وناتالي لن تبقى هنا، وسيتوجّب عليّ المغادرة في غضون أسبوع أو أسبوعين؛

وحينها ستكون نهاية عذابي... إذ بمجرد عودة ناتالي إلى بيتها سأجد عذراً للذهاب إلى منزل آل ستانكيفيتش...

إن ترْكَ سونيا- حتى لو كانت طريقة القيام بذلك هي اللجوء إلى الخداع- وهذا الحلم السري المتعلّق بناتالي، مع الأمل بحبها وطلب يدها، ستكون بالطبع أموراً مؤلمة للغاية. ولكنّ هذا يعني ألّا أقبّلَ سونيا بشغف، وألّا أحبها أيضاً. ولكن، ماذا أفعل؟! فأنا حتى الآن ما زلت لا أستطيع تجنّب هذا الأمر، ولكن ينبغي لي القيام بذلك عاجلاً وليس آجلاً... وعند تفكيري ملياً بالإثارة العاطفية المتواصلة التي أعيشها- تحسّباً لحصول شيء ما- حاولت أن أتصرف عند لقائي ناتالي بلطف أكثر، وأضبط نفسي قدر الإمكان، وأتحمل قدر الإمكان بانتظار حلول ذلك الوقت.

لقد عانيت كثيراً، وشعرت بالملل؛ كما لو أن السماء أمطرت عمداً لمدة ثلاثة أيام؛ أمطرت بانتظام، وطرقت على السطح بآلاف الكفوف، فصار المنزل كئيباً، ونام الذباب على السقف وعلى المصباح في غرفة الطعام... ولكنني أمسكت نفسي بحزم، وأحياناً كنت أجلس في مكتب أولان لساعات مُستمعاً إلى كل قصصه...

في البداية، بدأت سونيا تخرج من غرفتها مرتدية رداء قصيراً، فتستلقي على الشرفة على كرسي وثير لمدة ساعة أو ساعتين، وابتسامتها تبدو خاملة بسبب ضعفها. ولدهشتي، تحدثت إليّ بشكل متقلب ومفرط في الرقة، من دون أن تشعر بالإحراج من

وجود ناتالي:

«اجلس بالقرب مني يا فيتيك[15]؛ فأنا أشعر بالألم والحزن. أخبرني شيئاً مضحكاً... تبدو لي كما لو أنك قد اغتسلت لمدة شهر وتطهرت... لقد أصبح الطقس مشمساً، وفاحت رائحة الزهور العطرة...»

فأجبت مخفياً غضبي:

«إذا كانت رائحة الزهور قوية، فيجب عليّ الاغتسال مرة أخرى».

فما كان منها إلّا أن ضربتني على يدي قائلة:

«لا تتجرّأ على مجادلة مريض أبداً!»

وأخيراً، بدأتْ تغادر غرفتها باستمرار لتناول الغداء معنا واحتساء شاي المساء. غير أنها كانت لا تزال شاحبة، وتطلب لنفسها كرسياً بذراعين. أضف إلى ذلك أنها لم تخرج لتناول العشاء ولا إلى الشرفة بعده. وذات مرة، أخبرتني ناتالي بعد احتساء شاي المساء- عندما عادت سونيا إلى غرفتها- وبعد أن نقلت كريستيا السماور من الطاولة إلى المطبخ:

«سونيا غاضبة مني لأنني أجلس بجانبها طوال الوقت، فيما تجلس أنت وحيداً. فهي لم تتعافَ تماماً بعد، ولا بدّ أنك تفتقدها».

أجبتُها:

«أنا فقط أفتقدك عندما لا تكونين...»

وعلى الفور، تغيّرت ملامح وجهها، غير أنها سيطرت على الموقف بنجاح، ثم ابتسمت بجهد واضح:

«ولكننا اتفقنا على عدم الخلاف أكثر... اسمع، من الأفضل أن تبقى في المنزل، وتذهب في نزهة قبل العشاء. وبعد ذلك، سأجلس معك في الحديقة؛ فالتنبؤات حول الطقس لم تتحقق والحمد لله، لذا ستكون الليلة رائعة...»

«أشعرُ بالأسف لأجل سونيا، وأنتِ؟ ألا تشعرين بالأسف عليها إلى حد ما؟»

فأجابت وهي تضحك برعونة:«أنا آسفة للغاية». ثمّ وضعت أدوات الشاي على الصينية، وتابعت: «ولكن، الحمد لله، سونيا بصحة جيدة، وقريباً لن تشعر بالملل...»

عندما قالت لي إنها ستجلس معي في الحديقة شعرت بقلبي يغوص في صدري. يا له من شعور غامض! ولكنني فكرت على الفور: لا، إنها مجرد كلمات عاطفية!

بعد ذلك، ذهبت إلى غرفتي واستلقيت على فراشي لفترة طويلة وأنا أتأمّل السقف.

أخيراً، نهضتُ وأخذت قبعة، وعصا أحدهم من الردهة، ثمّ غادرت العزبة من دون وعي، ومشيت على طريق ترابي واسع يمتد بين العزبة وقرية خوخلاتسكايا، ويرتفع أعلى منها بقليل، على سفح التل في السهب العاري. قادني الطريق الترابي إلى الحقول. كانت التلال في كل مكان، ولكنها فسيحة ومرئية للغاية. إلى يساري، انبسطت الأراضي المنخفضة قرب النهر، وخلفها امتدّت الحقول على أراضٍ مرتفعة قليلاً في الأفق ذي الألوان النارية؛ إذ كانت الشمس تغرب للتو. أمّا إلى يميني، فامتدّ صف عادي من الأكواخ البيضاء المتماثلة لقرية لم تعد مسكونة على ما يبدو. وفيما كنت أسير، رحتُ أنظر بإعجاب إلى غروب الشمس تارة، وإلى تلك الأكواخ تارةً أخرى.

عندما قفلت عائداً أدراجي، واجهتني في البداية رياح دافئة سرعان ما صارت حارة تقريباً. وكان الهلال يضيء السماء، ولا يعد بشيء جيد؛ فقد أضيء نصفه، بينما كان نصفه الآخر مرئياً كشبكة شفافة، فبدا النصفان معاً كجوزة بلوط.

تناولنا العشاء في الحديقة، فقد كان الجو حاراً داخل المنزل. وخلال العشاء قلت لأولان:

- خالي، ما رأيك في الطقس؟ أعتقد أنها ستمطر غداً!
- لماذا يا صديقي؟

- تمشيت في السهل للتو، وللأسف أظنّ أنني سأترككم قريباً...

- لماذا؟!

وعلى الفور، رفعت ناتالي عينيها نحوي أيضاً وسألتني:

- هل ستغادر؟

فتظاهرت بالضحك وأنا أجيب:

- لا أستطيع...

إلّا أنّ أولان هزّ رأسه بقوة مقاطعاً كلامي:

- هذا هراء، هراء... باستطاعة أبيك وأمك تحمل الانفصال عنك
تماماً. لن أتركك تذهب قبل أسبوعين. نعم، وهي أيضاً لن
تتركك.

فقالت ناتالي:

- ليست لدي أي حقوق على فيتالي بتروفيتش.
عندها، قلت وأنا أحاول استدرار الشفقة:

- خالي، امنع ناتالي من أن تناديني هكذا!

فضرب أولان كفه على الطاولة قائلاً بطريقة لا تقبل الجدال:

- لا أسمح لكِ بمناداته هكذا. وفي ما يتعلّق بموضوع مغادرتكَ،
كفى ثرثرة حول هذا الأمر. أنت محق بشأن المطر؛ فمن المحتمل
أن ينقلب الطقس مجدداً ويسوء تماماً.

قلت:

- كان الحقل نظيفاً جداً بالفعل، وواضح المعالم. أما القمر فبدا مرئياً بوضوح، وأشبه بجوز البلوط، فيما هبت الرياح من الجنوب. والآن، كما ترى، ظهرت الغيوم...

استدار أولان ونظر إلى الحديقة؛ حيث كان ضوء القمر يشعّ حيناً، ويختفي حيناً آخر:

- سيخرج منك يا فيتالي بروس [16] ثاني...

وعند الساعة العاشرة، خرجتْ ناتالي إلى الشرفة، فيما كنتُ أجلس بانتظارها مفكراً في يأس: كل هذا هراء. إذا كانت لديها أي مشاعر تجاهي، فهي بالتأكيد ليست جدية تماماً؛ بل متغيرة وعابرة...

تأمّلت السّماء، فوجدتها مزدحمة بالسّحب البيضاء المتراكمة التي بدت أشبه ما تكون بالدخان. وبين حين وآخر، انسحبت جانباً سامحة لضوء القمر بالتّسلل إلى الأسفل كخيوط العنكبوت، فيما بدا القمر الذي خرج للتوّ من خلف السّحب بنصفه الأبيض الذي يشبه مقطعاً جانبيّاً لوجه الإنسان شاحباً ولامعاً ونظيفاً؛ بل أكثر إشراقاً. كان المنظر مهيباً؛ إذ غطّى الضّوء الفوسفوريّ كلّ شيء.

فجأة، راودني إحساس غريب، فجلتُ بنظري في ما حولي،

---

(16) ياكوف بروس: دبلوماسي وعسكري ومهندس وعالم فلك روسي، أحد أقرب زملاء القيصر بطرس الأول وأبرزهم.

ورأيتُ ناتالي واقفة عند عتبة الباب تنظر إليّ بصمت، ويداها خلف ظهرها. وعلى الفور، نهضت من مكاني، فيما سألتني بلا مبالاة:

- هل ما زلت مستيقظاً؟

- لكنك أخبرتِني...

- آسفة، أنا متعبة جداً اليوم. اذهب وتمشَّ في الدرب المظلل بأشجار البتولا. أما أنا فسأخلد إلى النوم.

لحقتُ بها، فتوقفتْ عند درج الشرفة متأمّلة المنظر في الحديقة. إذ تصاعدت سحب دخان من الحديقة نحو الغيوم، وراحت ترتعش من وقت لآخر وتبرق وامضة، قبل أن تختفي تحت مظلة طويلة من أشجار البتولا التي بدت أوراقها متنوعة الألوان؛ بحسب بقع الضوء والظلال. صعدت معها، وقلت لها:

- كم تتألق أشجار البتولا في البعيد بطريقة ساحرة! ليس هناك ما هو أكثر غرابة وجمالاً من الغابة في ليلة مقمرة. وهذا اللمعان الحريري الأبيض لجذوع البتولا يا لجماله!

فتوقفتْ، ونظرت إليّ بعينين شديدتي السواد وسط الظلام وسألتني:

- هل سترحل حقاً؟

- نعم، حان الوقت.

- ولكن، لماذا سترحل في القريب العاجل؟! لقد صدمتني الآن

بالقول إنك ستغادر.

- ناتالي، هل يمكنني زيارتك في منزلك وتقديم نفسي لوالديك عندما تصلين إلى هناك؟

فما كان منها إلّا أن التزمت الصّمت.

عندها، أمسكت يديها معاً، ثمّ قبلت يدها اليمنى، وشعرتُ بأنني أتجمّد.

- ناتالي...

«نعم، نعم، أنا أحبك». قالت ذلك على عجل ومن دون أي تعابير على وجهها، قبل أن تدخل المنزل بسرعة.

تبعتها وأنا أشعر بسعادة غامرة. أمّا هي فتابعت كلامها ماشيةً ومن دون أن تستدير:

«غادر غداً. سأعود إلى المنزل في غضون أيام قليلة».

5

في تلك الليلة، دخلت غرفتي وجلست على الأريكة متجمداً، كما لو أنني مُخَدَّر بفعل ذلك الإحساس الرهيب والعجيب الذي سيطر عليّ. فقد حدث كل شيء فجأة وبشكل غير متوقع، وتغيّرت حياتي... جلست على الأريكة وسط الظلام فاقداً الإحساس بالمكان والزمان. فقد كانت الغرفة والحديقة قد غرقتا في ظلام دامس بفعل السحب التي غطّت صفحة السّماء؛ لا سيّما وأنني لم أُنِر الشّمعة. وفي الحديقة، خلف النوافذ المفتوحة، كان كل شيء صاخباً ومرتجفاً؛ إذ راح ضوء البرق الأخضر والأزرق يغمرني بسرعة فأبدو أكثر وضوحاً وإشراقاً للحظة، قبل أن يختفي في اللحظة التالية. وازدادت سرعة هذا الضوء الهائل وقوته شيئاً فشيئاً. وفجأة، أضاء الغرفة بكاملها لدرجة لا تصدق، فيما هبّت ريح قويّة في الحديقة، وارتفعت الضّوضاء هناك. فاستولى عليّ الرعب وفكّرت في سرّي: ها هما الأرض والسماء تشتعلان!

قفزت من مكاني، وبصعوبة أغلقت مصاريع النوافذ في غرفتي؛

الواحد تلو الآخر، متغلّباً على الرياح التي راحت تدفعني بقوة. ثمّ ركضت على رؤوس أصابعي عبر الممرات المظلمة متّجهاً إلى غرفة الطعام. إذ خُيّل إليّ أن النوافذ هناك مفتوحة، وفي حال لم أنجح في إغلاق المصاريع في غرفة الطعام وغرفة الضيوف ستحطّم العاصفة كلّ شيء. لذا ركضت وأنا أشعر بقلق شديد.

ولكن، اتضح لي أن جميع النوافذ في غرفة الطعام وغرفة الضيوف كانت مغلقة... وكان الضوء الساطع باللونين الأخضر والأزرق غريباً حقاً؛ إذ ينتشر فوراً في كل مكان كرفّة عين، ويجعل كل الإطارات ضخمة ومرئية، قبل أن يغمرها مجدداً بظلام دامس؛ تاركاً في العينين أثراً لشيء ما قصديري أحمر، ومتسبباً بإحساسي بالعمى للحظات.

عندما عدتُ إلى غرفتي بسرعة- كما لو أنني كنت خائفاً من حدوث شيء ما بدوني- سمعت همساً غاضباً من وسط الظلام:

- أين كنت؟ أنا خائفة، أنر المصباح بسرعة...
عندها، قدحت عود ثقاب، فرأيت سونيا جالسة على الأريكة؛ مرتديةً ثوب النوم، ومنتعلةً خفّاً منزلياً.

قالت على عجل:

- أوه لا، لا، لا داعي لذلك. تعال إليّ بسرعة، عانقني، أنا خائفة... فجلستُ قربها مطيعاً، وعانقت كتفيها الباردتين... فيما

همســت لي:

- حسناً، قبّلني، قبّلني... خذني بالكامل. فأنا لم أكن معك لمدة أسبوع!

ثمّ ألقت بي وبنفسها على وسائد الأريكة بقوّة. وفي اللحظة نفسها، هرعت ناتالي بسترتها الصغيرة إلى عتبة الباب المفتوح، وفي يدها شمعة... رأتنا على الفور، ولكنها مع ذلك صرخت دون وعي:

- أين أنت يا سونيا؟ أنا خائفة للغاية...

ثم اختفت على الفور، فهرعت سونيا وراءها.

6

بعد مرور عام، تزوجت ناتالي من أليكسي ميشيرسكي، وكُلِّلت داخل كنيسة فارغة في بلدته بلاغوداتنوي. ولم نتلقَّ - نحن وبقية الأقارب والأصدقاء من كلا الطَّرفين - دعوة لحضور حفل الزفاف. كما لم يقم الزوج الشاب بالزيارات المعتادة بعد الزفاف، بل غادر على الفور إلى شبه جزيرة القرم.

وفي يناير من العام التالي، في يوم تاتيانا[17]، كانت هناك حفلة راقصة لطلاب فورونيج في «جمعية النبلاء». كنت حينها طالباً في موسكو، وقضيت عطلة أعياد الميلاد في منزلنا القروي؛ حيث وصلتُ إلى فورونيج مساء. وبفعل العاصفة الثَّلجيّة، وصل القطار إلى المحطّة مكسوّاً بالثَّلوج، فيما تجمّع فيه بخار الماء. بعد ذلك، نقلتني عربة أجرة على زلاجات تجرها الخيول من المحطة إلى المدينة، وتحديداً إلى

---

(17) يوم تاتيانا: معروف أيضاً بـ «يوم الطلاب»، وقد أطلق تخليداً لذكرى الشهيدة المسيحية الأولى تاتيانا التي سقطت في روما أيام حكم الإمبراطور ألكسندر سيفيروس في القرن الثالث ميلادي.

«فندق النبلاء». في طريقنا إلى هناك، كانت أضواء مصابيح الشوارع بالكاد تومض بفعل العاصفة الثلجية. ولكن، بعد أن تخطّينا القرية، شعرت بالإثارة بفضل أضواء المدينة التي أعطتني الأمل بالحصول على المتعة ما إن أدخل غرفتي الدافئة جداً في فندق المقاطعة القديم، وأطلب السماور، وأغيّر ملابسي؛ استعداداً لقضاء ليلة طويلة في قاعة الرقص، وتناول الشراب مع الطلاب حتى الثمالة إلى أن يطلع الفجر...

كنت قد تعافيت تدريجياً خلال الفترة التي مرت بعد تلك الليلة الرهيبة التي أمضيتها لدى عائلة تشير كاسوف، وبعد زواج ناتالي... على أي حال، اعتدت على وضعي؛ فأنا ضمنيّاً شخص مختل عقلياً، في حين أنني أعيش ظاهرياً مثل أي شخص آخر!

عندما وصلت، كانت الحفلة الراقصة قد بدأت للتو، وكان الدرج الرئيسي والمنصة المنتصبة عليه مكتظّيْن بالأشخاص الوافدين. وفي القاعة الرئيسة، كانت الجوقة الموسيقية تعزف بصوت عالٍ فالس الحانات الاحتفالي الحزين. شققت طريقي بين الحشود بأدب مفرط، وسرت على السجادة الحمراء المنبسطة على طول الدرج متّجهاً إلى المنصة، شاعراً بالانتعاش بفعل الصقيع، ومرتدياً بذلة رسميّة جديدة تماماً. وبنوع من الرشاقة، عبرت بين حشد كبير من الناس المتجمّعين أمام أبواب الصالة بخجل، وتابعت طريقي بإصرار؛ لدرجة أنهم اعتبروني على الأرجح مسؤولاً لديه عمل

عاجل في القاعة.

وأخيراً بلغتُ مقصدي، وتوقفت عند العتبة، مستمعاً إلى الأصوات الصاخبة والهدير المتقطع للأوركسترا فوق رأسي. ألقيت نظرة سريعة على الثريات المتلألئة، وعلى عشرات الأزواج الذين يرقصون رقصة الفالس تحت أنوارها اللامعة بشكل مختلف. وفجأة، تحركت إلى الوراء. فمن بين دوامة هذا الحشد، برز لي على شكل غير منتظر زوج واحد تميّز بمسارات انزلاق سريعة وحاذقة؛ إذ اندفع بسرعة وسط كل الأزواج الأخرى القريبة مني.

وعلى الفور، تراجعت إلى الوراء مذهولاً وأنا أرى كيف راح الرجل ينحني إلى حد ما في رقصة الفالس؛ بدا ضخماً، وقوي البنية، وأسمر بالكامل، وذا شعر أسود لامع. كما كان يرتدي الفراك[18]، ويتمتع بخفة مذهلة في الرقص؛ كحال بعض الأشخاص الذين يعانون من زيادة في الوزن. أمّا هي فكم بدت طويلة! لاسيّما في تسريحة شعرها المخصصة للرقص، وثوبها الأبيض، وحذائها الذهبي ذي الكعب الرفيع. كانت تدور مائلة قليلاً إلى الخلف، ومُخْفِضَةً عينيها نحو أسفل، وواضعةً يدها المرتدية قفازاً أبيض يصل إلى المرفق على كتفه في انحناءة تجعل اليد تبدو مثل رقبة البجعة... مالت رموشها السوداء نحوي مباشرة للحظة، وسطع سواد عينيها عن قرب، لكنّ

زوجها أدارها فجأة باجتهاد رجل بدين، وانزلق ببراعة على الطرف الأمامي من حذائه المطلي بالورنيش، فتباعدت شفتاها متنهّدة عند المنعطف، وومضت حافة فستانها باللون الفضي، ثم ابتعدا عائدين إلى مسارات الانزلاق.

ومرة أخرى، شققت طريقي بجهد بين المحتشدين على المنصة لأخرج... وعند باب القاعة المواجهة لي بشكل غير مباشر، والتي كانت لا تزال فارغة تماماً وباردة، شاهدت طالبتين ترتديان ملابس بيلاروسية واقفتين بخمول عند البوفيه تنتظران، وهما تحملان كوبين من الشمبانيا. كانت إحداهما شقراء جميلة، ونحيفة ذات وجه داكن اللون، ويبلغ طولها ضعف طول زميلتها تقريباً، بدت لي قوزاقية. سرت نحوهما ممسكاً قطعة ورقية من فئة مائة روبل، وأحنيتُ رأسي قليلاً. فما كان منهما إلا أن أطرقتا برأسيهما ضاحكتين، وسحبتا زجاجة ثقيلة من دلو فيه ثلج موجود تحت المنضدة، ونظرتا بتردد إلى بعضهما بعضاً؛ إذ لم تكن هناك زجاجات مفتوحة بعد... عندها، عبرت خلف المنضدة، وبعد دقيقة قذفت سدادة الفلين بإتقان، ثم قدمت لكل منهما كوباً وأنا أقول بمرح:

«هيّا نستمتع!»

ورحت أحتسي ما بقي من الشمبانيا في الزجاجة كوباً تلو الآخر. نظرتا إليّ أولاً بدهشة، ثم بشفقة، ولسان حالهما يقول:
«أوه، لكنك شاحب للغاية!»

وما إن أنهيت شرابي حتى غادرت على الفور.

في الفندق، طلبت زجاجة كونياك قوقازي إلى غرفتي، وبدأت أحتسيه في فنجان شاي على أمل أن ينكسر قلبي...

مرّت سنة ونصف سنة أخرى. وذات يوم، في نهاية شهر مايو، عندما عدت من موسكو إلى المنزل مجدداً، أحضر ساعي المحطة برقية من بلاغوداتنوي جاء فيها: «هذا الصباح توفي أليكسي نيقولايفيتش فجأة نتيجة سكتة دماغية».

رفع أبي يده ورسم إشارة الصليب قائلاً:

«يا ملكوت السموات. إنه أمر مروع! سامحني يا الله؛ فأنا لم أحبه قطّ. لكن الأمر لا يزال فظيعاً. فرغم كل شيء، لم يبلغ الأربعين من عمره بعد. وأشعر بالأسف الشديد على زوجته؛ فقد صارت أرملة في سنّ صغيرة، وهناك طفل بين ذراعيها... لم أرها قطّ- فقد كان لطيفاً جدّاً لدرجة أنه لم يجلبها لرؤيتي مطلقاً- لكنهم يقولون إنها ساحرة. كيف ستكون حالها الآن؟! لا يمكننا أنا وأمك الذهاب مسافة مائة وخمسين فيرستا[19] ونحن في سن الشيخوخة، بالطبع لا يمكننا ذلك؛ يجب أن تذهب أنت...»

كان من المستحيل أن أرفض... فبأي حجة يمكنني أن أرفض؟ نعم، لم أستطع رفض حالة نصف الجنون التي أغرقتني بها فجأة

---

(19) فرستا: وحدة قياس روسية قديمة، وتساوي 1.0668 كيلومتر.

هذه الأخبار غير المتوقعة مجدداً... كنت أعرف شيئاً واحداً؛ وهو أنني سأراها!

كانت ذريعة اللقاء مخيفة، ولكنها مشروعة. أرسلنا الرد في برقية. وفي اليوم التالي، في فجر إحدى ليالي مايو، اصطحبتني عربة تجرّها الخيول من محطة بلاغوداتنوي إلى العزبة، واستغرقت الرحلة نصف ساعة. وفيما كنتُ أقترب منها على طول التلال والمروج المغمورة بالمياه، رأيت من بعيد جميع النوافذ على الجدار الغربي للمنزل- تلك الموجودة في القاعة- مغلقة بمصاريع في مواجهة غروب الشمس الخفيف. وارتجفت من الفكرة الرهيبة: لقد رقدا خلفها؛ هو وهي!

في الفناء ذي النباتات العشبية الصغيرة الكثيفة، قرع اثنان أو ثلاثة أشخاص الأجراس بالقرب من سقيفة العربات. لكن، لم يكن هناك أحد باستثناء الحوذيين الجالسين على المقاعد الأمامية للعربات؛ في حين وقف كل من الزوار وحاشية المنزل لحضور مراسم التأبين.

ساد صمت فجر مايو القروي في كل مكان، وبدت نضارة الربيع في كل شيء؛ في الهواء المنعش الذي راح يهب على الحقل والنهر، وفي العشب الكثيف في الفناء، والحديقة المزهرة بكثافة التي أحاطت بالمنزل من الخلف والجنوب... وهناك، على الشرفة الأمامية المنخفضة، وبجانب الأبواب المفتوحة على مصاريعها عند مدخل المنزل المغطى بمظلة، اتكأ على الحائط غطاء تابوت كبير أصفر مقصب...

وفي البرودة الخفيفة لهواء ذلك المساء، فاحت الرائحة العطرة والنفاذة لأزهار أشجار الكمثرى التي ظهرت بلونها الحليبي الأبيض في الجزء الجنوبي الشّرقي من الحديقة على صفحة السّماء اللبنية الباهتة، وقد سطع بقوّة كوكب المشتري بلونه الوردي، والذي بدا وحيداً. وقد مزّق قلبي فجأة الإحساس بكلّ هذا الشّباب والجمال، ثمّ تفكيري بسحرها وصباها، وحقيقة أنّها أحبّتني ذات مرّة؛ فاستولى عليّ شعور بالحزن والسّعادة والحاجة إلى الحبّ، لدرجة أنّني قفزت من العربة عند الشرفة، وشعرت كأنني أواجه الهاوية بشكل مباشر:

«كيف أدخل هذا المنزل لرؤيتها وجهاً لوجه مرة أخرى بعد ثلاث سنوات من الفراق، حيث أصبحت أرملة وأماً؟!» ومع ذلك، دخلتُ القاعة الرهيبة المليئة بالبخور والشموع الصفراء التي أنارت المكان، واتّجهت إلى سواد أولئك الذين وقفوا تحت الأضواء أمام التابوت، ورؤوسهم مائلة بشكل غير مباشر باتّجاه الزاوية الأمامية المضاءة من الأعلى بمصباح أحمر كبير أمام الأيقونات الذهبية، بينما تدفق من أسفلها بريق فضي لثلاث شموع كنيسة طويلة... دخلت على وقع ترانيم رجال الدين الذين راحوا يدورون حول النعش منحنين وحاملين البخور. وعلى الفور، أخفضت رأسي كي لا أرى الديباج الأصفر على التابوت، ووجه المتوفى الذي كنت أخشى رؤيته أكثر من أي شيء آخر!

58

أعطاني أحدهم شمعة مضاءة فأمسكتها بيدي، وشعرتُ بها ترتجف وتدفئ وجهي الذي غمره الشحوب وتضيئه... استمعت بخضوع غبي إلى الترانيم العالية وقرقعة المبخرة، ومن تحت حاجبيَّ المقطّبين رأيت الدخان المعطَّر السابح نحو السقف بكل احتفالية وروعة. وفجأة، رفعت وجهي، فرأيتها تقف أمام الجميع في حالة حداد، حاملة في يدها شمعة أضاءت خدها وشعرها بلون ذهبي... لم أستطع رفع عينيّ عنها؛ إذ بدت كما لو أنها أيقونة بالفعل!

وعندما هدأ كل شيء، وفاحت رائحة الشموع المنطفئة، وتحرك الجميع بحذر لتقبيل يدها، انتظرتُ حتى أكون آخر من يفعل ذلك... اقتربت منها، ونظرت بمزيج من الذّهول والفرح إلى فستانها الأسود الذي جعلها تبدو طاهرة بشكل خاص كما لو أنها راهبة، وإلى جمال وجهها النقي والفتي، وإلى الرموش والعينين. وعندما رأتني أنحني منخفضاً لأقبّل يدها، وأقول بصوت غير مسموع ما ينبغي أن يُقال بعرف القرابة واللياقة، وأطلب الإذن بالمغادرة على الفور وقضاء الليلة في الحديقة؛ في ذلك الرَوطَن القديم [20] الذي نمت فيه عندما أتيت إلى بلاغوداتنوي وأنا طالب في المدرسة الثانوية؛ حيث كانت غرفة نوم ميشيرسكي في ليالي الصيف الحارة، أجابت من دون أن ترفع عينيها:

«ســأطـلب منهــم الآن أن يصطـحبــوك إلى هنــاك ويقـدمـوا

---

(20) الرَوطَن: مبنى دائري الأرضية، ويكون عادة محاطاً بأعمدة تعلوها قبة.

لك العشاء».

وفي الصباح، غادرتُ على الفور بعد مراسم الجنازة والدفن...
عند الوداع، تبادلنا مجدّداً بضع كلمات فقط، ومرة أخرى لم نتبادل
النّظرات...

7

أنهيت دراستي، وبعد فترة وجيزة فقدت أبي وأمي – في الوقت نفسه تقريباً – واستقررت في القرية، وتدبّرت أموري مع الفلاحة اليتيمة غاشا التي نشأت في منزلنا وخدمت في غرف والدتي... وها هي الآن تخدمني مع بواب فنائنا السابق العجوز للغاية، وذي الشعر الشائب، والكتفين البارزتين؛ إيفان لوكيتش... كانت غاشا لا تزال تبدو طفولية الملامح. فهي صغيرة ونحيفة، وسوداء الشعر، وذات عينين غير معبرتين بلون السخام، كما أنّها صامتة بشكل غامض وكأنها غير مبالية بكل شيء. فيما بشرتها رقيقة وداكنة؛ لدرجة أن والدي قال ذات مرة: «بالتأكيد، هكذا كانت هاجر».

كانت عزيزة جداً عليّ. أحببت أن أحملها بين ذراعيّ وأقبلها مفكراً «هي كلّ ما بقي في حياتي»؛ وبدا أنها كانت تفهم ما أفكر فيه. وعندما أنجبَت طفلاً صغيراً أسود البشرة، وتوقفت عن الخدمة، واستقرت في غرفة حضانتي القديمة، أردت الزواج منها، فأجابت:

– لا، لستُ بحاجة إلى هذا، سأخجل فقط أمام الجميع، يا لي من

61

سيدة! لماذا تريد القيام بذلك؟ عندها، ستتوقف عن محبتي، وربّما قبل ذلك. أنت بحاجة إلى الذهاب إلى موسكو، وإلا فستشعر بالملل معي كلياً.

ثم نظرت إلى الطفل الذي كان بين ذراعيها ويرضع من ثديها، وقالت:

- أما أنا، فلن أشعرَ بالملل الآن. انطلق، وعش من أجل سعادتك، وتذكّر فقط شيئاً واحداً: إذا وقعت في حب امرأة ما فعلاً، وفكرت في الزواج منها، فلن أتردد لحظة في إغراق نفسي مع ابننا.

نظرتُ إليها- كان من المستحيل ألا أصدقها- وأحنيت رأسي: نعم، لكنني أبلغ من العمر ستة وعشرين عاماً فقط... الوقوع في الحب والزواج؛ لم أستطع حتى تخيل ذلك، لكن كلمات غاشا ذكّرتني مرة أخرى بحياتي المنتهية.

في أوائل الربيع، سافرت إلى الخارج وقضيت أربعة أشهر هناك. وعند عودتي إلى الوطن عبر موسكو في نهاية شهر يونيو، فكرت بهذه الطريقة: في الخريف سأعيش في القرية، أما في الشتاء فسأذهب إلى مكان آخر.

وفي طريقي من موسكو إلى تولا شعرت بالحزن: ها أنا أعود إلى المنزل مجدداً، ولكن لماذا؟ تذكرت ناتالي، وفكرت: نعم، هذا

الحب «حتى القبر» موجود بالنسبة إليّ؛ فقد توقعته سونيا ساخرة. وقد اعتدت عليه، كما يعتاد- على سبيل المثال- شخص ما على مر السنين على حقيقة قطع ذراعه أو ساقه... وبينما كنت جالساً في محطة السكك الحديدية في تولا منتظراً تبديل القطار، أرسلت لها برقية بشكل مفاجئ: «أنا قادم من موسكو مروراً عبر منطقتكم. وسأكون في محطتكم تمام الساعة التاسعة مساءً. اسمحي لي بالمرور بكم لأعرف أحوالكم».

قابلتني على الشرفة، ومدت يديها إليّ وقد ارتسمت على ثغرها ابتسامة خجولة، فيما وقفت خلفها خادمة تحمل مصباحاً منيراً. قالت لي:

«أنا سعيدة للغاية!»

فقلت لها: «يبدو لي أنك قد كبرتِ قليلاً، وهذا غريب نوعاً ما». ثمّ قبّلت كلتا يديها شاعراً بالألم.

نظرت إليها، وتأمّلتها على ضوء المصباح الذي رفعته الخادمة، والذي حامت حول زجاجه فراشات وردية صغيرة بعد تساقط المطر: عيناها السوداوان تعكسان الآن ثقتها بنفسها وثباتها أكثر مما كانت عليه سابقاً. كما بدت مثالاً للأنثى الشابة، والجميلة، والنحيلة، والمتواضعة، والأنيقة في ثوبها المصنوع من حرير

التوسة الأخضر .[21]

ردت وهي تبتسم بحزن:

- نعم، ما زلت أكبر.

كان لا يزال هناك مصباح أحمر كبير معلق في زاوية الصالة الأمامية أمام الأيقونات الذهبية القديمة، ولكنه غير مضاء... حوّلت نظري بسرعة بعيداً عن تلك الزاوية، وتبعتها إلى غرفة الطعام. على مفرش المائدة الزاهي، وُضع إبريق شاي فوق مصباح كحولي، وأواني شاي رقيقة ومتلألئة. أحضرت الخادمة لحم العجل البارد، والمخللات، ودورق الفودكا، وزجاجة لافيت[22].

تناولَتِ الإبريق، وقالت:

- أنا لا أتناول العشاء. لذا، سأشرب الشاي فقط، أما أنت فستأكل أولاً... هل أنت قادم من موسكو؟ لماذا؟ ماذا يمكنك أن تفعل هناك في الصيف؟

- إنني عائد من باريس.

- هكذا إذًا! كم من الوقت قضيت هناك؟ أوه، ليتني أستطيع الذهاب إلى مكان ما! لكنّ ابنتي تبلغ من العمر أربع سنوات فقط... يُقال إنك تدير أمورك بشكل جدي، هل هذا صحيح؟

---

(21) أحد أنواع الأقمشة الصينية الحريرية بلون الرمال الصفراء.

(22) شاتو لافيت: نبيذ فرنسي أحمر من نوع بوردو.

شربت كـأساً من الفـودكـا من دون طعـام، ثم طلبت الإذن بالتدخين.

- آه، على الرحب والسعة!

أشعلتُ سيجارة، وقلت:

- ناتالي، لستِ بحاجة إلى أن تكوني لطيفة واجتماعية معي. ولا تهتمّي بي بشكل خاص؛ فقد مررت فقط للاطمئنان عليك، ومن ثم سأختبئ مرة أخرى. لذا، لا تشعري بالإحراج؛ فبعد كل شيء، كل ما حصل في الماضي قد طواه الزّمن ومضى دون رجعة. لا يمكنك إلا أن تلاحظي أنني مسحور بك مجدّداً، ولكنّ إعجابي بك لن يعيقك الآن بأي شكل من الأشكال... فهو إعجاب هادئ، ولا يستند إلى المصلحة الذاتية...

فما كان منها إلا أن أحنت رأسها ونظرت إلى الأسفل فبدت رموشها، فيما تلوّن وجهها ببطء باللون الوردي.

أصبحتُ شاحباً، وقلت بصوت ازداد قوة؛ مؤكداً لنفسي أنني أقول الحقيقة.

- هذا مؤكد تماماً. فكل شيء في العالم يمضي. أما بالنسبة إلى ذنبي الرهيب أمامك، فأنا على يقين من أنه قد أصبح منذ فترة طويلة غير مهم بالنسبة إليك، وصار أكثر قابلية للفهم والمسامحة من ذي قبل. وعلى الرّغم من أنني كنت مذنباً نوعاً ما، إلا أنني في ذلك

الوقت أيضاً كنت أستحق التساهل مع شبابي المتطرف، وتلك المصادفة المذهلة التي كنت ضحية لها... ولكن، لقد عوقبت بعد ذلك على ذلك الذنب بما فيه الكفاية... بموتي.

– موتك؟!

– ألستُ كذلك؟ أما زلتِ لا تفهمينني ولا تعرفينني كما قلتِ ذات مرة؟

فصمتتْ... ثم قالت وهي ترفع وجهها، وتنظر إليَّ بعينيها السوداوين اللذين تكحّلهما رموشها السّوداء:

– رأيتكَ في حفلة فورونيج الراقصة... كم كنتُ صغيرة في ذلك الوقت! وكم كنت تعيسة حينها؛ بشكل مثير للدهشة! ورغم ذلك، هل يمكن أن يكون هناك حب لا يحمل السّعادة؟ ألا تجلب الموسيقى الأكثر حزناً في العالم السعادة؟ لكن، أخبرني عن نفسك، هل استقررت في القرية إلى الأبد؟
فسألتُها بجهد:

– أيعني هذا أنك كنت تحبينني حينها؟

– نعم.

عندها، صمتُّ وأنا أشعر أن وجهي صار ناراً مشتعلة.

– أصحيح ما سمعته... أنّكَ على علاقة حبّ، وصار لديكَ طفل؟
فأجبتُ:

- إنّ مشاعري ليست حباً... بل هي شفقة رهيبة وحنان، ولكنها ليست أكثر من ذلك.

- أخبرني بكل شيء.

فأخبرتها كل شيء؛ وصولاً إلى ما قالته لي غاشا عندما نصحتني «بالذهاب والعيش من أجل متعتي»!... وأنهيت كلامي بالقول:

- والآن، ها أنتِ ترين كيف أنني هلكت بكل الطرق الممكنة... عندها، قالت وهي تفكر في شيء خاص بها:

- كفى... لا تزال الحياة بأكملها أمامك. لكن بالطبع، الزواج مستحيل بالنسبة إليك. فهي بالتّأكيد واحدة من اللواتي لن يندمن على إنجابهن طفلاً.

- الأمر لا يتعلق بالزواج... يا إلهي، تزوّجيني!

فنظرت إليّ بتمعن قائلة:

- نعم، نعم. الغريب أن توقعكَ قد تحقق، و أصبحنا قريبين. ألا تشعر الآن أنك ابن عمي؟

ثم وضعت يدها على يدي وتابعت:

- أنت الآن مرهق من السفر للغاية؛ حتى إنك لم تتناول أي شيء. ويبدو التّعب واضحاً على وجهك، لذا يكفي حديثاً اليوم.

تفضّل، تم تجهيز سرير لك في الجناح⁽²³⁾...

قبّلتُ يدها بطاعة، فيما نادت الخادمة التي جاءت حاملة المصباح؛ على الرغم من سطوع القمر الذي بدا وكأنه معلّق في السّماء على علوّ منخفض خلف الحديقة... اصطحبتني أولاً عبر درب رئيس تصطف على جانبيه الأشجار، ومن ثم عبر درب آخر جانبي إلى مرج واسع؛ إلى ذلك الرَوطَن القديم ذي الأعمدة الخشبية...

جلستُ بجانب النافذة المفتوحة على كرسي بذراعين وُضِع إلى جـوار السـرير، وبدأت أدخّـن مفكراً: لقد قمت بهذا التصرف الغبي والمفاجئ عبثاً، وجئت معتمداً على هدوئي وقوتي، ولكن دون جدوى...

كانت الليلة هادئة بشكل غير عادي، والوقت قد تأخر بالفعل، ولكنّ الطقس كان جميلاً. فبعد هطول القليل من المطر أصبح الهواء أكثر دفئاً ونعومة. وفيما كنت أنعم بهذا الدفء، كسر جدار الصّمت صياح الديوك طويلاً في أماكن بعيدة ومختلفة من القرية، فخيّل إليّ كما لو أنها تخوض مباراة ساحرة... أمّا البدر المضيء الذي تعلّق أمام الرَوطَن خلف الحديقة فبدا وكأنه قد تجمّد في مكان واحد؛ منتظراً بترقب، ومتلألئاً بين الأشجار البعيدة وأشجار التفاح القريبة المنتشرة التي تداخلت مع ظلالها... وهناك رأيتها... فحيث كان الضوء يتدفق بدت ساطعة كما لو أنّها زجاج يلمع، أما في الظّل

⁽²³⁾ عبارة عن مبنى منفصل وذي حجم صغير.

فبدت نابضة بالألوان وغامضة...

مشت نحو النافذة من دون أن تصدر صوتاً، وبطريقة غامضة، مرتدية ثوباً حريرياً طويلاً وقاتماً... ثم أضاء القمر الحديقة، وسطع نوره على الرَوطَن مباشرة. بعد قليل، رحنا نتبادل الأحاديث؛ هي مستلقية على السرير، وأنا راكع بجانبها وممسكاً يدها:

- في تلك الليلة الرهيبة حين لمع البرق، كنتُ أحبكِ بالفعل، ولم يكن في داخلي شغف آخر؛ باستثناء العاطفة الأكثر حماسة ونقاءً التي أحس بها تجاهك.

- نعم، فهمت كل شيء بمرور الوقت. ومع ذلك، عندما أتذكّر فجأة ما رأيته حين لمع البرق، مباشرة بعد تذكر ما جرى بيننا قبل ساعة في الدرب الذي تحيط به الأشجار...

- لا يوجـد أحد مثلكِ في أي مكـان من العـالم. عندمـا نظرت للتو إلى حرير التوسة الأخضر هذا، وإلى ركبتيك تحته، شعرت بأنني مستعد للموت من أجل لمسها مرة واحدة مرة بشفتيّ، مرة واحدة فقط.

- ألم تنسني قطّ طوال تلك السنوات؟

- لقد نسيت فقط بالطريقة التي ينسى بها المرء أنه يعيش ويتنفس. وأنتِ قلتِ الحقيقة: لا يوجد حب لا يحمل السعادة. آه، ما زلت أذكر قميصك البرتقالي القصير ذاك، بل أذكركِ كلّكِ وأنت لا تزالين فتاة شابة تقريباً... عندما ومضت لي في ذلك الصباح،

أول صباح من حبي لك. أمّا يدك في كم القميص البيلاروسي القصير فلا تغيب عن ذهني. وحين قمت بإمالة رأسك أثناء قراءتك رواية «الهاوية» تمتمتُ: ناتالي، ناتالي!

- نعم، نعم.

- كما أتذكّر كيف بدوت في الحفل الراقص؛ حيث كنت طويلة جداً ورهيبة جداً بجمالك الأنثوي. في تلك الليلة، أردت أن أموت مبتهجاً بحبي ودماري... ثم رأيتك مجدداً... وأنت تحملين شمعة في يدك في يوم حدادك، بدوت حينها في غاية النّقاء. وبدا لي أن تلك الشمعة أمام وجهك أصبحت مقدسة... ولكن، ها أنت معي مجدداً وإلى الأبد؛ رغم أننا نادراً ما نرى بعضنا بعضاً.

- كيـف يمكننـي، أنـا زوجتـك السريـة، أن أصبح عشيقتـك الواضحة للجميع؟

* * *

تـوفيت نتـالي في ديسـمبر في منطقـة بحـيرة جنيـف، أثنـاء ولادتها المبكرة.

4 أبريل 1941

تانيا

إنّها في الثامنة عشرة من عمرها، وتعمل لدى قريبتها مالكة الأرض الصغيرة كازاكوفا... كانت قصيرة القامة، وقد لوحظ ذلك بشكل خاص حين تهتزّ تنورتها برفق ويرتفع ثدياها الصغيران قليلاً تحت البلوزة فيما هي تمشي حافية القدمين، منتعلة حذاء من اللباد في الشتاء. أمّا وجهها البسيط فكان جذاباً فحسب، فيما عيناها الرماديتان جميلتان بطريقة شبابية. وفي ذلك الحين، كان هو نفسه شاباً متهوّراً، وقد عاش حياته من دون قيود وفي حالة تجوال، وكان لديه العديد من علاقات الحب العرضية؛ وقد تعامل معها باعتبارها واحدة من أولئك الفتيات العابرات في حياته.

* * *

وفي إحدى الليالي الخريفية، استوعبت فجأة الأمر الكارثي والمدهش الذي تعرّضت له. فبعد أن بكت لعدة أيام، سرعان ما أصبحت مقتنعة شيئاً فشيئاً- ومع كل يوم يمر- أن ما حدث لم يكن مثيراً للحزن للسعادة، وأنه أصبح أغلى وأعزَّ من لديها. وهكذا، راحت تطلق عليه اسم بيتروشا[1] في اللحظات الحميمية التي تجمع بينهما؛ والتي سرعان ما أخذت تتكرر أكثر فأكثر. كما صارت تتحدث عن تلك الليلة كجزء من ماضيهما المشترك العزيز.

في البداية، صدق ولم يصدق في الوقت نفسه:

---

[1]   اسم التصغير أو الدلع من بيوتر أو بطرس.

73

- ألم تتظاهري حقاً أنك كنت نائمة حينها؟

لكن، ما إن فتحت عينيها فقط حتى قالت:

- ألم تشعر حضرتك أنني كنت نائمة؟ ألا تعرف كيف ينام الرجال مع الفتيات؟

- لو علمت حقاً أنك نائمة، لما لمستك قطّ.

- حسناً، ولم أشعر بأي شيء تقريباً حتى اللحظة الأخيرة! لكن، كيف فكرت حضرتك في المجيء إليّ؟ فحين وصلت لم تنظر إليّ. وفقط في المساء قلت لي: «صحيح، أنتِ التي تم تعيينك مؤخراً، أعتقد أن اسمك تانيا»، ثم كم من الوقت مرّ؟ طيلة ذلك الوقت لم تعرني حضرتك أي اهتمام. لذا، هل كنت تتظاهر؟

فأجابها بأنه كان يتظاهر بالطّبع، ولكنه لم يقل الحقيقة؛ فقد انتهى كل شيء بشكل غير متوقع تماماً بالنسبة إليه!

فقد أمضى بداية الخريف في شبه جزيرة القرم، وحين كان في طريقه إلى موسكو توقف عند كازاكوفا، حيث أقام لمدة أسبوعين في منزلها البسيط والمريح. وبعد مرور عدة أيّام من شهر نوفمبر قرر المغادرة.

وفي اليوم الذي توجّب عليه فيه توديع القرية، قضى النهار وهو يجوب الحقول الفارغة والأجمات العارية على صهوة حصان، والبندقية خلف كتفيه، وبرفقته كلب صيد. وعندما لم يجد شيئاً عاد

إلى العزبة متعباً وجائعاً... وعند العشاء، تناول طبقاً من الكستلاتة[2] في القشدة الحامضة، وشرب دورقاً من الفودكا، وبضعة أكواب من الشاي، بينما تحدثت كازاكوفا- كحالها دائماً- عن زوجها الراحل، وعن ابنيها اللذين خدما في مدينة أوريل.

وعند الساعة العاشرة مساءً، أصبح المنزل مظلماً كالمعتاد، ولم تكن هناك سوى شمعة واحدة مشتعلة على المكتب خلف غرفة الضيوف؛ حيث أقام منذ مجيئه. وحين دخل غرفته، كانت جاثية على ركبتيها فوق سريره، وبيدها شمعة مشتعلة تحرّكها على طول الجدار الخشبي... ما إن رأته حتّى وضعت الشمعة على الطاولة بجانب السرير، وقفزت مندفعة إلى الخارج.

فسألها مصعوقاً: «ما هذا؟ انتظري، ما الذي كنت تفعلينه هنا؟!»

فردت بصوت خافت:

- أحرقتُ حشرة الفراش[3]... ففيما كنت أرتب سرير حضرتك نظرت، فإذا بي أرى حشرة فراش على الحائط... ثم هربت ضاحكة...

نظر في إثرها... ثم خلع حذاءه فقط، واستلقى على لحاف مبطن فوق الأريكة، من دون أن يخلع ملابسه؛ على أمل أن يدخن بعد

ويفكر في شيء ما- فقد كان من غير المعتاد أن يغفو عند الساعة العاشرة- غير أنه نام على الفور. وفجأة، استيقظ من نومه لمدة دقيقة؛ نظر خلالها بخوف إلى نار الشمعة المرتجفة، ثم نفخ عليها، ونام مجدّداً وهو لا يزال تحت تأثير الحلم. وعندما فتح عينيه مرة أخرى، كان كل شيء مليئاً بالبهجة وراء النافذتين المفتوحتين على الفناء، والنافذة الجانبية المفتوحة على الحديقة؛ حيث بدت الليلة خريفية ومقمرة وجميلة بوحدتها.

وفي الظلام، وجد حذاءه بالقرب من الأريكة، فانتعله ودخل الرواق المجاور للمكتب ليخرج إلى الشرفة الخلفية... لقد نسوا وضع ما يحتاج إليه خلال الليل!

لكن، كان باب المدخل موصداً من الخارج، لذا سار إلى الشرفة الأمامية على طول المنزل المضاء بشكل غامض من طرف الفناء. لقد ذهبوا إلى هناك من خلال المدخل الرئيس، وعبروا الأروقة الخشبية طويلة. وكان هذا المدخل- حيث توجد نافذة عالية فوق الخزانة القديمة- يؤدّي إلى جناح مقسوم بجدار خفيف؛ حيث عاشت الخادمات دائماً في غرفة من دون نوافذ... وجد باب غرفة الخادمات موارباً، فيها خيّم الظلام في الداخل. عندها، أشعل عود ثقاب، فرآها نائمة. كانت مستلقية على سرير خشبي، ومرتدية من الأعلى قميصاً فقط؛ فبرز ثدياها المستديران بوضوح، وتحت تنورتها المصنوعة من

البومازي(4) انكشفت رجلاها العاريتان حتى الركبتين. ألقت يدها اليمنى على الحائط، وبدا وجهها على الوسادة ميتاً... انطفأ عود الثقاب... وقف في مكانه هنيهة، ثم اقترب من السرير بحذر...

* * *

وفيما هو يغادر عبر الأروقة المظلمة إلى الشرفة، فكر بشكل محموم:

– كم هذا غريب! يا له من أمر غير متوقع! هل كانت نائمة حقاً؟

وقف على الشرفة، ثم مشى عبر الفناء... الليل غريب نوعاً ما، والفناء واسع وفارغ ومضاء بنور القمر المرتفع عالياً في السماء. وهناك، مقابل مبنى مغطى بالقش القديم حظيرة للماشية، وساحة للعربات، وإسطبلات... وفوق أسطحها- من الجهة الشمالية- تفرقت الغيوم الليلية الغامضة ببطء بين الجبال الثلجية الميتة. ارتسمت الغيوم البيضاء الفاتحة فوق القمم فقط، فيما أخذ القمر المرتفع يسقيها بنوره الماسي، ويخرج بين الحين والآخر إلى البقع الزرقاء الداكنة الخالية منها؛ إلى أعماق السماء المرصعة بالنجوم، ليبدو وكأنه يضيء الأسطح والفناء بشكل أكثر سطوعاً. بدا كل شيء حوله غريباً إلى حد ما في وجوده الليلي، ومنفصلاً عن كل شيء بشري، ومُناراً بلا هدف. في تلك اللحظة، شعر وكأنه يرى هذا

---

(4) بومازي: نسيج قطني كثيف، يسمى باللغة الفرنسية «بومبازين»، وقد جاءت التسمية من الإيطالية «بامباجيا» التي تعني القطن.

الليل كله، وهذا العالم الخريفي المضاء بالقمر لأول مرة... فجلس بجانب ساحة العربات على درجة تارانتاس[5] مغطاة بالطين الجاف. كان الجو دافئاً، ورائحة الهواء مثل رائحة حديقة خريفية. وكان الليل مهيباً، وبلا روح، ومشبعاً بالهدوء. وبطريقة ما، ارتبط بشكل مدهش بالمشاعر التي أحسّ بها عند اتّحاده غير المتوقع مع مخلوقة أنثوية شبه طفولية...

بكت هي بهدوء مستعيدة وعيها؛ كما لو أنها أدركت في تلك اللحظة فقط ما حدث. لكن ربما ليس «كما لو» بل حقاً! استسلم جسدها كله له، وكأنه هامد لا حياة فيه... في البداية، همس لها: «اسمعي، لا تخافي...». غير أنها لم تسمع، أو تظاهرت بعدم السماع. فقبّلها برفق على خدها الحار... ولكنّها لم تستجب للقبلة؛ ما جعله يعتقد أنها أعطته بصمت الموافقة على أي شيء قد يتبع تلك القبلة. باعد ساقيها؛ ليشعر بدفئها الحار والساخن... فتنهدت فقط أثناء نومها، وتمددت بضعف ملقية يدها خلف رأسها...

أيعقل أنه لم يكن تمويهاً؟! فكر وهو ينهض عن الدرجة، وينظر بقلق إلى الليل.

عندما بكت بلطف وحزن، لم يشعر فقط بامتنان حيواني لتلك السعادة غير المتوقعة التي قدمتها له دون وعي، وإنما أيضاً شعر

---

(5)   عربة ذات أربع عجلات تستخدم للمسافات الطويلة، وتوجد منها أنواع مكشوفة وأخرى مغلقة.

بالبهجة والحب؛ فبدأ بتقبيلها على رقبتها، ثمّ على صدرها، متنشّقاً تلك الرائحة الآسرة التي كانت تفوح منها، رائحة شيء ما أنثوي ريفي. وفيما هي تبكي، استجابت له فجأة وهي تبدو فاقدة الوعي؛ فقد احتضنته بقوة، وشدت رأسه نحوها وكأنها ممتنة له. لم تدرك وهي نصف نائمة من كان. ولكن على الرغم من ذلك، كان الشخص الذي يجب عليها- في وقت معين- أن تتّحد معه لأول مرة في أكثر العلاقات حميمية وسرية وفنائية...

التقارب المتبادل قد تحقق، ولا يمكن لأي شيء في العالم أن يلغيه، وقد حمله في نفسه إلى الأبد؛ وتلك الليلة غير العادية أخذته- مع ذلك التقارب- إلى مملكتها الضوئية التي لا يمكن الوصول إليها... كيف يمكنه، وهو يغادر، أن يتذكرها عن طريق الصدفة فقط، وينسى صوتها اللطيف والبسيط، وعينيها الفرحتين حيناً والحزينتين حيناً آخر، ولكنهما محبتان ومخلصتان دائماً؟ كيف يمكنه أن يحب الأخريات، ويولي بعضهن أهمية أكبر منها؟!

* * *

خدمت في اليوم التالي من دون أن ترفع نظرها، فسألتها كازاكوفا:

- ما بك يا تانيا؟

فأجابت بصدق:

- أشعر بالحزن الشديد يا سيدتي...

79

وعندما غادرت، قالت له كازاكوفا:

- نعم، بالطبع. إنها يتيمة الأم، ووالدها متسول ورجل فاسق...

قبل المساء، عندما وضعت السماور على الشرفة، قال لها وهو يمر بجانبها:

- لا تفكري، لقد أحببتك منذ فترة طويلة. توقفي عن البكاء، فلن يساعدك هذا الحزن الشديد بشيء...

فأجابت بهدوء وهي تمسح الدموع عن عينيها، وتدفع في السماور المشتعل رقائق الخشب:

- لو وقعت حضرتك في الحب حقاً، فسيكون كل شيء أسهل...

ثم بدأت تنظر إليه أحياناً، وكأنها تسأل بنظرة خجولة: «أحقاً؟»

ذات مرة، عندما جاءت لترتيب سريره في المساء، اقترب منها ووضع ذراعه حول كتفها، فنظرت إليه بفزع، وهمست بخجل:

- ابتعد، من أجل الرب. أنظر، ستدخل المرأة العجوز...

- أي امرأة عجوز؟

- الخادمة العجوز، وكأنك لا تعرف؟

- سآتي إليك هذه الليلة...

أحرقها هذا بالتأكيد، ولكن خوفها من المرأة العجوز أرعبها أكثر:

- أوه، ماذا تفعل؟ ماذا تفعل؟! سأصاب بالجنون من شدة الخوف!

فردّ على عجل:

- حسناً، لا تخافي، لن آتي.

عندها، خدمت بسرعة وحذر- كما كانت تفعل من قبل- ثم اندفعت مثل زوبعة عبر الفناء إلى المطبخ؛ كما فعلت من قبل. وفي بعض الأحيان، انتهزت اللحظة المناسبة لتلقي عليه خلسة نظرات محرجة ومبهجة.

ذات صباح، تم إرسالها إلى المدينة للتسوق منذ طلوع الضوء؛ بينما كان لا يزال نائماً. وأثناء العشاء، قالت له كازاكوفا:

- ما العمل؟ لقد أرسلت المسؤول مع العامل إلى المطحنة، ولا يوجد أحد لأرساله إلى المحطة ليجلب تانيا. أيمكنك أن تذهب أنت؟

فشعر بفرح غامر، غير أنه سيطر على نفسه وردّ متظاهراً بالبرودة:

- حسناً، سأذهب بكل سرور.

وعلى الفور، عبست الخادمة العجوز التي تخدم المائدة وقالت:

- لماذا تريدين يا سيدتي إلحاق العار بالفتاة إلى الأبد؟ ماذا سيقولون عنها بعد ذلك في جميع أنحاء القرية؟

فأجابت كازاكوفا:

- حسناً، اذهبي بنفسك. أيجب عليها أن تأتي سيراً على الأقدام من

المحطة، أو ماذا؟

وحوالى الساعة الرابعة تقريباً، قاد الشارابون[6] الذي راحت تجره فرس سوداء طويلة القامة. وخوفاً من أن يتأخر عن القطار، قاده حول القرية بسرعة كبيرة، قافزاً على طول الطريق الزيتية الخشنة المجمدة، ثم المبللة بالماء. فقد كان الطقس في الأيام الأخيرة رطباً وضبابياً. وفي ذلك اليوم، كان الضباب كثيفاً بشكل خاص. وحتى عندما قاد الشارابون عبر القرية، بدا له وكأن الليل قادم، والأضواء الدخانية الحمراء تنير الأكواخ؛ حيث ظهر بعضها غير واضح خلف الضباب المزرق. بعد ذلك، أظلمت الحقول تقريباً، ولم يعد باستطاعته الرؤية بسبب الضباب، فيما اندفعت الرياح الباردة والضباب الرطب نحوه. لكنّ الريح لم تبدد الضباب، بل على العكس من ذلك؛ إذ لحقت بدخانه البارد الرمادي الداكن، وخنقته برائحتها العطرة؛ ليظهر أنه لا يوجد شيء وراء حجاب عدم الرؤية سوى نهاية العالم وجميع الكائنات الحية!

صار كل شيء مبللاً تماماً؛ القرطاوز[7] وتشويكا[8]، والرموش، والشارب...

---

(6)   الشارابون أو الشارابان char à banc: نوع من العربات المكشوفة التي تجرها الخيول. ظهرت في فرنسا، وكانت شائعة في عشرينيات القرن الماضي.

(7)   القرطاوز أو الكاب: قبعة حلت محل القبعات واسعة الحواف غير العملية، حيث ظهرت في السويد وكانت ذات غطاء ناعم وحاجب وقدرة على تغطية الأذنين من البرد.

(8)   ملابس خارجية للرجال في أوكرانيا مصنوعة من قماش داكن، ومقصوصة بشكل مستقيم، وأحياناً كانت الياقة مزينة بالمخمل أو الفراء.

اندفعت الفرس السوداء إلى الأمام، فقفز الشارابون فوق الأشواك الزلقة وضربه في صدره. لقد اعتاد على ذلك وأشعل سيجارة. كان دخان السيجارة حلواً ومعطراً ودافئاً، وممزوجاً برائحة الضباب البدائية، ورائحة الحقل العاري الرطب في أواخر الخريف...

أظلم كل شيء وأصبح كئيباً حوله وفوقه وتحته... واختفت بشكل غامض تقريباً عنق الفرس الطويلة الداكنة، وأذناها المنتبهتان... عندها، اشتد شعوره بقربه من الفرس: الكائن الحي الوحيد في هذه الصحراء، في هذا العداء المميت لكل ما هو إلى اليمين واليسار، وفي الأمام والخلف؛ لكل المجهول المخفي بشكل ينذر بالسوء في هذا الظلام الدخاني الأكثر كثافة وسواداً والذي راح يندفع نحوه...

عندما دخل القرية التي توجد فيها المحطة، غمرته بهجة العمران، والأضواء البائسة خلف النوافذ المتهالكة، وراحة السكان الودية... وبدا له وكأن كل شيء في المحطة في عالم مختلف تماماً: عالم حيّ، وحيوي، وحضري. وقبل أن يتاح له الوقت لربط الفرس، ومض القطار المتّجه نحو المحطة بنوافذه المضيئة، حاملاً معه رائحة الفحم الكبريتية، فيما دوّى صوته كالرعد. ركض إلى المحطة وهو يشعر كما أنه لو أنه رجل متشوّق لرؤية زوجته الشابة. فرآها على الفور حين عبرت من الأبواب المقابلة مرتدية زياً مدينياً، وراحت تسير خلف حارس المحطة وهي تجرّ حقيبتين من المشتريات. كانت المحطة قذرة، وتفوح منها رائحة مصابيح الكيروسين التي أضاءتها بشكل

خافت. اختلست إليه النظرات بعينين متحمّستين حين قال لها الحارس شيئاً بصيغة الاحترام، أما هو فنظر إليها نظرة شاب أثارته الرحلة غير العادية. وفجأة، بادلته النظرات، وتوقفت عن الارتباك وعن التساؤل في سرّها: ما هذا؟ لماذا هو هنا؟!

قال على عجل:

- مرحباً تانيا، جئت من أجلك... إذ لم يكن هناك أحد لإرساله...

لم يكن قد سبق لها أن حظيت بمثل هذه الأمسية السعيدة في حياتها من قبل! لقد جاء هو بنفسه من أجلي، وأنا قادمة من المدينة، متأنقة وجميلة جداً، كما لم يتخيل؛ فهو يراني دائماً مرتدية تنورة قديمة وبلوزة قطنية فقيرة، ووجهي مثل وجه صانع القبعات النسائية تحت منديل أبيض من الحرير. أما اليوم، فأرتدي فستاناً بنياً جديداً تحت سترة صوفية، وجوربين رقيقين أبيضين، وأنتعل جزمة جديدة قصيرة ذات قطع نحاسية!

شعرت بنفسها ترتجف كلها من الداخل. رفعت تنورتها، وتبعته بخطوات السيدات الراقيات، وتحدثت إليه بطريقة متعجرفة، بالنبرة نفسها التي يستخدمونها في الحفلات، فيما ملامح الدّهشة تبدو على وجهها: «أوه، يا إلهي، كم هي الأرض لزجة هنا، كيف داس الفلاحون؟!»

ثمّ تجمّدت في مكانها وهي تشعر بمزيج من الخوف والبهجة.

وبعد ذلك، رفعت فستانها عالياً فوق تنورتها الميتكال[9] البيضاء لتجلس عليها وليس على قماش الفستان، ثم دخلت الشارابون لتجلس بجانبه- كما لو أنها مساوية له- وتخلصت بشكل محرج من الحقائب عند قدميها.

لمس الفرس بصمت، ودفعها نحو الظلام الجليدي وسط الليل والضباب؛ متجاوزاً أضواء خافتة في الأكواخ هنا وهناك، وقاد العربة على الطريق القروية الوعرة. أما هي فلم تجرؤ على النطق بأي كلمة خوفاً من صمته: أليس غاضباً من شيء ما؟

وقد فهم ذلك، لذا تعمد الصمت. وفجأة، غاص في الظلام الدامس بعد أن خرج من القرية... فخفّف سرعة خطوات الفرس، وأمسك رسنها بيده اليسرى، وعصر الكتف اليمنى لسترتها الباردة المبللة والمطرزة بالخرز، وهو يغمغم ضاحكاً:

- تانيا، تانيشكا[10]...

فاندفعت كلها نحوه، وضغطت على خده بوشاحها الحريري ووجهها الملتهب اللطيف، فيما رموشها تغطيها الدموع الساخنة... وجد شفتيها مبللتين بدموع السعادة، فلم يستطع الابتعاد عنهما لفترة طويلة بعد أن أوقف الفرس... ثم، مثل رجل أعمى لا يرى

---

(9) ميتكال باللغة الفارسية: ويُطلق عليه أيضاً اسم كاليكو أو كولينكور في أماكن أخرى. وهو نسيج قطني رقيق قاسٍ، عادة ما يكون لونه رمادياً.
(10) صيغة التصغير من اسم تانيا أو تاتيانا.

شيئاً وسط الضباب والظلام، غادر الشارابون، وألقى التشويكا على الأرض وسحبها نحوه من كميها... فقفزت إليه على الفور بعدما أدركت كل شيء دفعة واحدة. وباهتمام سريع، رفعت كل ملابسها العزيزة- فستانها وتنورتها الجديدين- واستلقت على التشويكا مانحة إيّاه ليس فقط جسدها بالكامل- والذي أصبح ملكه الآن- وإنما روحها أيضاً...

* * *

أجّل رحيله مرة أخرى.

عرفت أنه فعل هذا من أجلها، ورأت كيف كان حنوناً معها، وتحدث إليها كصديقة سرية مقربة له في المنزل. كما كفّت عن الخوف والارتعاش عندما يقترب منها، كما كانت تفعل في البداية. أمّا هو فأصبح أكثر هدوءًا وسهولة في لحظات الحب، وسرعان ما تكيفت معه. لقد تغيرت كلها بالسرعة التي يستطيع الشباب القيام بها بذلك، وأصبحت خالية من الهموم، وسعيدة حتى إنّها... بدأت تنـاديه بسهولة بيتروشا، وتتظاهر أحياناً أنه يزعجها بقبلاته: «أوه، يا رب، إنّك لا تترك لي طريقاً أقصده؛ فما إن تراني وحدي حتى تلحق بي!».

وقد منحتها هذه التجربة فرحة خاصة، إذ صارت تفكّر: هذا يعني أنه يجبني، ويعني أنه ملكي تماماً. ليته بإمكاني التحدث معه

86

بهذه الطريقة!

كما شعرت بالسعادة أيضاً وهي تعبّر له عن غيرتها، وأحقيتها فيه... وقالت له يوماً:

- الحمد لله، لا يوجد عمل في البيدر، وإلا لو كانت هناك بنات فسأري حضرتك كيف تذهب إليهن!

ثم أضافت فجأة وقد شعرت بالإحراج، محاولة الابتسام بشكل مؤثر:

- نعم، ألست وحدي كافية لحضرتك؟

جاء الشتاء مبكراً. وبعد الضباب، هبّت رياح شمالية جليدية، فتحجرت الأرض، وصارت الطرقات زلقة، وذوت الأعشاب الأخيرة في الحديقة والفناء. أمّا الغيوم البيضاء والرّماديّة فصبغت صفحة السّماء، وغاص القمر الأبيض في السحب على عجل، كما لو أنه يهرب إلى مكان ما وسط الظلام، فيما صارت الحديقة عارية تماماً. وبدت العزبة والقرية فقيرتين بشكل يثير البؤس. وفجأة، بدأ رذاذ الثلج يتساقط، فابيضّ الطين المتجمد وبدا مثل مسحوق السكر، فيما أصبحت العزبة والحقول الظاهرة من خلالها بيضاء ورمادية. تمّ إنهاء الأعمال الأخيرة في القرية: فقد وُضِعت البطاطا في الأقبية استعداداً لفصل الشتاء، كما تم فرزها، ورُمِي الفاسد منها.

ذهب مرة في نزهة عبر القرية، بعد أن ارتدى معطفاً فوق سترة

من فرو الثعلب، وشد قبعة الفرو على رأسه. فرفعت ريح الشمال شاربه، وساطت خديه. كانت السماء قاتمة، وبدا الحقل الرمادي والأبيض المنحدر خلف النهر قريباً جداً. تجمعت في القرية سلسلة من أكوام البطاطا الملقاة على الأرض بالقرب من منحدرات النهر. وجلست النساء والفتيات على تلك الأكوام وقد ازرقّت وجوههن وأياديهن من شدة البرد، ورحن يعملن وهن ملفوفات في شالات من القنب، ومرتديات سترات ممزقة، ومنتعلات أحذية مهترئة من اللباد... فكر برعب: تحت تنوراتهن وفساتينهن أرجلهنّ عارية تماماً!

وعندما عاد إلى المنزل، كانت تقف في المدخل وتمسح السماور الساخن بقطعة قماش استعداداً لوضعه على الطاولة، وقالت على الفور بصوت منخفض:

- هذا صحيح، لقد ذهبتَ إلى القرية! الفتيات هناك يفرزن البطاطا... حسناً، تسكع، تسكع، وابحث لنفسك عن أفضلهن! ثمّ كتمت دموعها، وركضت نحو الرواق.

ومع حلول المساء، تساقطت الثلوج بغزارة وكثافة، فيما راحت هي تركض بجانبه عبر القاعة، وتنظر إليه نظرات طفولية مليئة بالتسلية التي لا يمكن كبتها، وهمست محاولة إغاظته:

- ماذا، هل ستتسكّع كثيراً الآن؟ ولكن، هناك الكثير من الكلاب

التي تتجول في الفناء؛ لذا ستتحمل هذه الدجاجة مجبرة البقاء في المنزل وعدم زجّها أنفها خارجه!

ففكر: «يا رب، كيف يمكنني استجماع شجاعتي لأخبرها بأنني على وشك الرحيل!».

فقد أراد بشدة أن يكون في موسكو في أقرب وقت ممكن؛ حيث الصقيع والعاصفة الثلجية في الساحة مقابل كنيسة إيفيرون[11]، وحيث أزواج الحمام تقرع بأجراسها الصغيرة، والفوانيس الكهربائية العالية في شارع تفير[12] مضاءة أثناء الزوابع الثلجية... وفي رواق موسكو الكبير تتلألأ الثريات، وتنسكب الموسيقى الوترية؛ حيث يرمي هناك معطف الفرو المغطى بالثلوج بين يدي البواب، ويمسح شاربه المبلل من الثلج بمنديل. وكما هو معتاد، يدخل القاعة المزدحمة والحارة بمرح، ويسير على السجادة الحمراء، ويشارك في الأحاديث التي ترتفع أصواتها... ويندمج وسط رائحة الطعام والسجائر، وفي صخب الخدم، ونغمات الأوتار التي تبدو ضعيفة تارة، وصاخبة تارة أخرى...

لم يستطع طوال العشاء إبعاد عينيه عنها وهي تركض خالية من الهموم في كل الاتجاهات، وعن وجهها الهادئ...

___

(11) كنيسة إيفيرون أو إيفرسكايا: كنيسة صغيرة تقع عند بوابة القيامة في موسكو المؤدية إلى الساحة الحمراء، وتوجد فيها أيقونة إيفيرون لوالدة المسيح.

(12) شارع تفير أو تفيرسكايا: هو أكبر شارع في المنطقة الإدارية المركزية لموسكو.

وفي وقت متأخر من المساء، انتعل حذاءه، ولبس معطف فرو الراكون القديم الخاص بالراحل كازاكوف، وسحب قبعته نحو أسفل، ثم خرج عبر الشرفة الخلفية نحو العاصفة الثلجية لاستنشاق الهواء وتمتيع ناظريه بها. ولكن، كان قد تجمّع جرف ثلجي كامل تحت مظلة الشرفة، فتعثر فيه ووقع على الثلج. وما حصل بعد ذلك كان جحيماً؛ غضباً أبيض متدفقاً. طاف حول المنزل بصعوبة غارقاً في الثلج، حتى وصل إلى الشرفة الأمامية... فداس هناك، ونفض الثلج عن جسده، ثم ركض إلى الردهة المظلمة التي تهدر فيها العاصفة، وبعد ذلك إلى المدخل الدافئ حيث تحترق شمعة فوق الخزانة... فقفزت هي من خلف الحاجز حافية القدمين، في تنورة البومازي نفسها، وشبكت يديها قائلة:

- يا رب! من أين تأتي؟

وبعد أن نفض الثلج، ألقى معطف الفرو والقبعة على الخزانة. ثم أمسكها بين ذراعيه بفرح ورقّة وجنون. أما هي فهربت منه شاعرة بالبهجة نفسها، وأمسكت بالمكنسة وبدأت تضرب حذاءه اللبادي المبيض بفعل الثلج، وتسحبه من قدميه:

- يا رب، هناك الكثير من الثلج! ستصاب بنزلة برد مميتة!

* * *

أثناء نومه الليلي، سمع أحياناً ضجيج العاصفة الرتيبة التي راحت

تعصف بشكل متواتر فوق المنزل، ثم تهب بعنف وتصب الثلج على مصاريع النوافذ، وتهزها بقوة فيسقط الثلج، قبل أن تتحرك بعيداً مصدرة ضوضاء مخدرة... الليل يبدو لطيفاً وبلا نهاية: دفء السرير، وحميمية المنزل القديم، والوحدة في الظلام الأبيض للبحر الثلجي المتدفق...

فتح عينيه في الصباح، فبدا له وكأن رياح الليل قد فتحت مصاريع النوافذ مصدرة قعقعة، وصفقتها بالجدران. لا، يبدو أن الظّلام قد انقشع، وصار بالإمكان رؤية النوافذ البيضاء المغطاة بالثلج في كلّ مكان، والبياض الحليبي المكدّس على عتبات النوافذ ذاتها، وانعكاسها الأبيض على السقف. العاصفة لا تزال تهب في الخارج، ولكن الوضع أصبح أكثر هدوءًا في وضح النهار... في الجهة المقابلة من رأس السرير كان بالإمكان رؤية نافذتين ذواتَي إطارات مزدوجة اسودت بمرور الوقت، وقضبان حديدية صغيرة، بينما تبدو النافذة الثالثة إلى اليسار أكثر بياضاً ونوراً من كل النوافذ الأخرى.

انعكس اللون الأبيض على السقف. وفي الزاوية، ارتجف وأزّ وقرقع باب الموقد على وقع النيران المشتعلة... كم كان الأمر جيداً! فقد نام ولم يسمع شيئاً. فتحت تانيا- تانيشكا المخلصة الحبيبة- المصاريع، ثم دخلت بهدوء بحذائها اللبادي، والثلج يغطّي كتفيها ورأسها، ملفوفة في وشاح من القنب، ثمّ ركعت على ركبتيها مغمورة بالمياه. وقبل أن يتاح له الوقت للتفكير، جاءت حاملة صينية شاي،

ولكن بدون وشاح. وفيما هي تضع الصينية على طاولة قرب رأس السرير، نظرت إلى عينيه الصافيتين في الصباح، والمتفاجئتين وكأنهما في حلم بابتسامة ناعمة:

– لماذا نمت بعمق هكذا؟

– كم الساعة؟

نظرتْ إلى الساعة على الطاولة ولم تجب على الفور... إذ لم تدرك حالاً ما هو الوقت:

– العاشرة... التاسعة إلا عشر دقائق...

فنظر إلى الباب، ثم سحب تنورتها تجاهه. وعلى الفور، انحنت إلى الوراء، ودفعت يده بعيداً عنها.

– مستحيل، استيقظ الجميع...

– حسناً، لدقيقة واحدة!

– ستأتي المرأة العجوز...

– لن يأتي أحد... لمدة دقيقة فقط!

– آه، إنك تعاقبني!

ثمّ أخرجت قدماً تلو الأخرى بسرعة من الحذاء اللبادي، واستلقت إلى جواره في جوربيها الصوفيين وهي تنظر إلى الباب... آه، يا لجمال تلك الرائحة الفلاحية لرأسها، وأنفاسها، والبرد التفاحي لخديها...

فهمس بغضب:

- ها أنت مرة أخرى تقبلين بشفتين مزمومتين! متى سأفطمك؟

- أنا لست سيدة ناضجة... انتظر، سأستلقي... حسناً، أنا خائفة حتى الموت.

وتبادلا النّظرات باهتمام، وعبث، وترقب...

- بيتروشا...

- اصمتي. لماذا تتحدثين دائماً في مثل هذا الوقت؟!

- نعم، متى يمكنني التحدث إليك، إن لم يكن في هذا الوقت؟! لن أقوم بزم شفتيّ بعد الآن... أقسم لي إنه ليس لديك أحد في موسكو...

- لا تضغطي على رقبتي هكذا.

- لن تحب حضرتك أحداً في الحياة بهذا الشكل. الآن، لقد وقعتَ في حبي، ولكن يبدو أنني وقعت في حب نفسي، فأنا لست سعيدة بنفسي... وإذا تركتني...

ثمّ قفزت فجأة بوجه حار ووقفت تحت مظلة الشرفة الخلفية في مواجهة العاصفة الثلجية... جلست للحظة، ثم اندفعت لمواجهة الزوابع البيضاء على الشرفة الأمامية، وسرعان ما غاصت في الثلج حتى أعلى ركبتيها العاريتين.

كانت رائحة المدخل تشبه رائحة السماور. وهناك جلست الخادمة

العجوز على صندوق كبير تحت نافذة عالية وسط الثلج تلتقط شيئاً من صحن، ومن دون أن تتوقف عمّا كانت تقوم به قالت لها:

- أين اختفيتِ؟ لقد غرق كل شيء في الثلج.

- لقد قدمت الشاي إلى بيوتر نيقولايتش.

- ماذا أعطيت الرجل في غرفته؟ نحن نعرف الشاي الخاص بك!

- حسناً، إنك تعرفين، صحة وعافية. هل استيقظت السيدة؟

- يكفي! استيقظَتْ قبلك.

- ورغم كل شيء، أنت غاضبة!

ثمّ تنهدت بسعادة، وذهبت وراء الحاجز لتحتسي فنجانها، وغنّت هناك بصوت بالكاد مسموع:

بمجرد خروجي إلى الحديقة،
إلى الحديقة الخضراء
والتنزه فيها
من الجميل مقابلة الحبيب...

* * *

في فترة ما بعد الظهر، وفيها كان جالساً في مكتبه يقرأ كتاباً، ويستمع إلى الضجيج الضعيف نفسه، والذي راح يتزايد بشكل خطير حول المنزل الذي غرق أكثر فأكثر في الثلج والبياض اللبني المتدفق من جميع الجهات، فكر: سأرحل ما إن يهدأ كل شيء.

وعند المساء، وجد لحظة مناسبة ليطلب منها أن تأتي إليه في وقت لاحق من الليل؛ عندما يخلد جميع قاطني المنزل إلى نوم عميق: من الليل وحتى الصباح.

فهزت رأسها قائلة: «حسناً». كان الأمر مخيفاً جداً، لكنّ كل شيء أصبح أحلى.

لقد شعر هو أيضاً بالشيء نفسه. ولكنّ شفقته عليها أثارت قلقه أكثر: إذ لم تكن تعرف أن هذه ستكون ليلتهما الأخيرة!

في الليل نام، ثم استيقظ مذعوراً: هل ستجرؤ على المجيء؟

ظلمة المنزل، والضوضاء التي سادت وسط هذا الظلام، واهتزاز المصاريع، والموقد الذي راح يعوي بين الحين والآخر؛ كلّها أثّرت فيه... وفجأة، استيقظ خائفاً. لم يسمع وقع خطواتها- إذ كان من المستحيل سماعها وهي تشق طريقها بحذر في الظلام الدامس عبر المنزل- لم يسمعها، ولكنه شعر بها تقف بشكل غير مرئي إلى جانب السرير. مدّ يديه، فاقتربت منه بصمت، وغاصت تحت الأغطية. سمع قلبها ينبض، وشعر ببرودة قدميها الحافيتين، فهمس بأحرّ الكلمات التي استطاع إيجادها ونطقها.

رقدا هناك لفترة طويلة؛ الصدر فوق الصدر، وراحا يقبّلان بعضهما بعضاً بشهوة لدرجة أنهما شعرا بألم في أسنانهما... تذكرت أنه أمرها بألا تزم فمها، لذلك حاولت إرضاءه، وفتحته مثل الغراب

الصغير.

- أعتقد أنكِ لم تنامي على الإطلاق؟

ردّت بصوت خافت:

- ولو دقيقة. كنت أنتظر...

وبعد أن بحث عن عود ثقاب على الطاولة أشعل شمعة، فشهقت خائفة:

- لماذا فعلت ذلك يا بيتروشا؟ ستستيقظ المرأة العجوز وترى النور!

فقال، وهو ينظر إلى وجهها المتورد:

- اللعنة عليها، تباً لها، أريد أن أراكِ...

ثم أمسك بها ولم يرفع عينيه عنها... فهمست:

- أنا خائفة؛ لماذا تنظر إليّ هكذا؟

- نعم، من هو أفضل منك في الدنيا؟ تبدين برأسك الصغير هذا والجديلة الصغيرة حوله كفينوس[13] صغيرة...

فضحكت وأشرقت عيناها سعادة:

- أي فينوس هذه؟

---

(13) إلهة الجمال والحب الجسدي والرغبة والخصوبة والازدهار في الأساطير الرومانية. تقابلها أفروديت في الأساطير اليونانية القديمة.

- نعم، إنك هكذا... وهذا الرداء القصير...

- وأنت ستشتري لي قطعة قماش ميتكال... هل صحيح أنك تحبني
كثيراً؟

- أنا لا أحب ذلك على الإطلاق. ومرة أخرى رائحتك مثل رائحة
السمان[14] أو القنب الجاف...

- لماذا يعجبك هذا؟ قلت إنني أتحدث دائماً في مثل هذا الوقت...
وها أنت الآن تتحدث...

وبدأت تقرّبه منها بقوة، وأرادت أن تقول شيئاً آخر، ولكنها لم
تعد تستطيع...

ثم أطفأ الشمعة، واستلقى إلى جانبها لفترة طويلة في صمت
وهو يدخّن ويفكر: لا يزال عليّ قول ذلك رغم أنه فظيع، ولكنه
ضروري! وبدأ الحديث بصوت مسموع:

- تانيشكا...

«ماذا؟» سألت بالقدر نفسه من الغموض.

- بعد كل شيء، عليّ أن أغادر...

فما كان منها إلا أن نهضت وسألت:

- متى؟

____

(14) طائر حقلي صغير قريب من الحجل.

- قريباً، قريباً جداً... لدي عمل عاجل...

سقطت على الوسادة:

- يا رب!

أعماله في مكان ما هناك، في بعض مناطق مدينة موسكو؛ الأمر الذي غرس في نفسها نوعاً من الرهبة. ولكن، كيف تفترق عنه من أجل هذه الأمور؟! صمتت، وبسرعة وعجز بحثت في ذهنها عن مخرج من هذا الرعب غير القابل للحل. ولكن، لم يكن هناك مخرج. أرادت أن تصرخ: «خذني معك»؛ غير أنها لم تجرؤ.. وهل هذا ممكن؟!

- لا أستطيع العيش هنا لمدة قرن...

استمعت ووافقت:

- نعم، نعم...

- كما لا يمكنني اصطحابكِ معي...

فقاطعته بيأس:

- لماذا؟

فكر بسرعة: أجل، لماذا؟ لماذا؟

وأجاب على عجل:

- ليس لدي منزل يا تانيا، فأنا طوال حياتي أسافر من مكان إلى

آخر... وفي موسكو أعيش في غرف منفصلة[15]... ولن أتزوج...

- لماذا؟

- لأنني ولدت بهذه الطريقة.

- ألن تتزوج أبداً؟

- أبداً! أعطيك كلمة شرف. أقسم لك إنني مضطر إلى السفر بسبب أمور مهمة وعاجلة. وبالتأكيد سآتي بحلول عيد الميلاد!

أمالت رأسها نحوه، واستلقت... فيما تقطرت دموعها الدافئة على يديه، وهمست:

- حسناً، سأذهب... فقريباً سيبزغ الفجر...

ولما نهضت، بدأت تعمده في الظلام:

- ليحفظك ملكوت السماء، لتحفظك أم المسيح!

وبعد أن ركضت إلى مكان إقامتها في جناح الخادمات، جلست على السرير، وضمت يديها على صدرها وهي تلعق الدموع التي تسيل على شفتيها، ثم بدأت تهمس على وقع هدير العاصفة الثلجية في الأروقة:

- أيها الرب الأب! يا ملكوت السماء! دع يا ربي العاصفة الثلجية لا تهدأ ليومين آخرين على الأقل!

____

(15) في الحقيقة، لم يكن لدى بونين منزله الخاص ولا شقته الخاصة، فقد عاش لدى الأصدقاء والأقارب أو في الفنادق.

* * *

غادر بعد يومين، فيما الزوابع المنحسرة لا تزال تجتاح الفناء؛ ولكنه لم يعد قادراً على إطالة أمد العذاب السري لها وله، ولم يستسلم لمحاولة كازاكوفا إقناعه بالانتظار حتى الغد على الأقل.

وبعد رحيله، فرغ البيت وكل العزبة... وشعرت كما لو أن كلّ شيء مات. ولم تكن هناك طريقة لتتخيل موسكو وهو فيها، وحياته هناك، وأعماله...

* * *

لم يحضر في عيد الميلاد... ويا لتلك الأيام!

فقد عاشت خلالها عذاباً نتيجة الانتظار غير المحسوم. ومر الوقت من الصباح إلى المساء وهي تحاول التظاهر بأن كل شيء على ما يرام، وكأنه لم يكن هناك أي انتظار!

ارتدت أفضل ملابسها طوال فترة أعياد الميلاد[16]: ذلك الفستان، وذلك الحذاء النصفي؛ أي الملابس نفسها التي كانت ترتديها حين لاقاها في المحطة خريفاً، في ذلك المساء الذي لا يُنسى.

في عيد الغطاس، اعتقدت لسبب ما أنه سيأتي على متن زلاجات الفلاحين، وأن تلك الزّلاجات التي سيستأجرها في المحطة من دون أن يبعث برقية كي يرسلوا الخيول من أجله على وشك الظهور من

---

(16) الفترة الممتدة من عيد ميلاد المسيح إلى عيد الغطاس (من 7 إلى 17 يناير).

تحت الجبل. لذا، لم تنهض طوال اليوم من فوق الصندوق الكبير الموجود في الردهة، وجلست هناك تنظر إلى الفناء والألم واضح في عينيها.

كان المنزل فارغاً، فقد ذهبت كازاكوفا لزيارة جيرانها، وتناولت المرأة العجوز العشاء في غرفة الخدم، وجلست هناك حتى بعد العشاء مستمتعة بالثرثرة الخبيثة أمام الطباخة. أما هي فلم تذهب حتى لتناول العشاء، وقالت إن معدتها تؤلمها...

ولكن، الآن بدأ الظلام يخيّم على المكان. نظرت مجدداً إلى الفناء الفارغ، حيث القشرة اللامعة المتشكلة بعد ذوبان الجليد، ثم نهضت قائلة لنفسها بحزم:

- لقد انتهى الأمر، لست بحاجة إلى أي شخص آخر، ولا أرغب في انتظار أي شيء!

ثم مشت مرتدية فستانها، وراحت تتجول عبر الصالة وغرفة الضيوف تحت ضوء الفجر الأصفر المتسلل من النوافذ، وهي تغني بصوت عالٍ وخالٍ من الهموم:

مع راحة الحياة المنتهية:

بمجرد خروجي إلى الحديقة،

إلى الحديقة الخضراء

والتنزه فيها

من الجميل مقابلة الحبيب!

وعند كلمة «الحبيب» دخلت المكتب، ورأت أريكته وكرسيه ذا الذراعين بالقرب من طاولة الكتابة فارغين؛ حيث جلس ذات مرة حاملاً كتاباً بين يديه. ثم سقطت على الكرسي، ووضعت رأسها على الطاولة، وهي تبكي وتصرخ:

- يا ملكوت السماء، أرسل لي الموت!

* * *

جاء في فبراير، عندما دفنت في نفسها تماماً أي أمل في رؤيته مجدداً؛ على الأقل في حياتها. وحين خيّل إليها وكأن كل شيء قد عاد إلى سابق عهده.

دُهِش لدى رؤيتها؛ إذ كانت نحيلة جداً وشاحبة، وعيناها خجولتان وحزينتان.

أما هي فصعقت في اللحظة الأولى التي رأته فيها. فقد ظهر لها مختلفاً؛ مسناً، وغريباً، وحتى بغيضاً... بدا شاربه أطول، وصوته أكثر خشونة. وكان صوت ضحكته ومحادثاته- أثناء خلعه معطفه في الردهة- صاخباً للغاية وغير طبيعي، بحيث شعرت بالإحراج من النظر إلى عينيه... لكنّ كليهما حاولا إخفاء مشاعرهما عن بعضهما بعضاً، وسرعان ما سارت الأمور مثلما كانت من قبل.

ثم مرة أخرى، بدأ الوقت الرهيب يقترب؛ وقت رحيله مجدّداً...

أقسم لها على الأيقونة إنه سيأتي في أعياد الميلاد، وطوال الصيف...
فصدقته. ولكنها فكرت: «ماذا سيحدث في الصيف؟ أسيكون
الأمر مجدّداً كما هو الآن؟!»

إذ لم يعد هذا كافياً بالنسبة إليها الآن، وكان من الضّروري إما
أن يكون الأمر كما كان في السابق تماماً قبل تعرّفها إليه، أو حياة
معه لا تنفصم عراها؛ من دون فراق، من دون عذاب جديد، من
دون الخجل من التوقعات الباطلة... ولكنها حاولت إبعاد هذه
الفكرة عن ذهنها، وراحت تتخيّل تلك السعادة التي ستشعر بها
صيفاً؛ حيث سيحظيان بمتّسع من الحرية في كل مكان: ليلاً ونهاراً،
في الحديقة، في الحقل، في البيدر؛ وسيكون بالقرب منها لفترة طويلة
طويلة...

* * *

عشية رحيله مجدداً قبل بدء فصل الربيع، كانت الليلة ساطعة
وعاصفة بالرياح، حيث اضطربت الحديقة خلف المنزل، وطار
كل شيء هناك بعد أن حملته الرياح الغاضبة... وكذلك سُمِع نباح
كلاب مفاجئ قرب حفرة بين الأشجار، فقد قبع هناك ثعلب
أحضره حارس الغابة إلى ساحة عزبة كازاكوفا بعد أن وقع بالفخ!
كان مستلقياً على ظهره فوق الأريكة وعيناه مغمضتان، بينما
تمددت هي على جانبها بجواره، واضعة راحة يدها تحت رأسه
الحزين. كلاهما كانا صامتين. وأخيراً، همست:

103

- هل أنت نائم يا بيتروشا؟

ففتح عينيه، ونظر إلى الغرفة شبه المظلمة، والمضاءة من جهة اليسار بضوء ذهبي تسلل من النافذة الجانبية:

- لا. ماذا؟

فقالت بهدوء: «أنتَ لم تعد تحبني. لقد دمرتني من أجل لا شيء».

- ماذا؟! من أجل لا شيء! لا تقولي أشياء سخيفة!

- ما فعلته بي سيكون إثماً بالنسبة إليك. إلى أين سأذهب الآن؟

- لماذا تحتاجين إلى الذهاب إلى مكان ما؟

- ها أنت تغادر إلى موسكو تلك مرة أخرى. ولكن، ماذا سأفعل هنا وحدي؟!

- نعم، سيعود كل شيء إلى ما كان عليه من قبل. ولكنني قلت لك بحزم إنني سآتي أثناء أعياد الميلاد، وسأبقى هنا طوال الصيف.

- نعم، ربما ستأتي... ولكنك من قبل لم تقل لي مثل هذه الكلمات: «لماذا تحتاجين إلى الذهاب إلى مكان ما؟». لقد أحببتَني حقاً، وقلت إنكَ لم ترَ أجمل مني. نعم، هل كنت كذلك؟

- نعم، لم تكوني هكذا. أعتقد أنك تغيرت بشكل رهيب.

فقالت:

- لقد انتهى وقتي. أود أن أجيء إلى حضرتكم، لكنني خائفة حتى الموت، وفرحة في الوقت نفسه. حسناً، الحمد لله، لقد نامت المرأة

العجوز. والآن، أنا لا أخاف منها أيضاً...

هز كتفيه:

- أنا لا أفهمك. أعطيني بعض السجائر من على الطاولة...

أعطته، فأشعل سيجارة:

- أنا لا أفهم مشكلتك. أنت لست على ما يرام...

- صحيح، ولهذا السبب لستُ لطيفة مع حضرتكم. ما هو مرضي؟

- أنت لا تفهميني. أقول إنك مشتتة ذهنياً. أرجوك أن تفكري في
ما حدث. من أين جئت بفكرة أنني لم أعد أحبك؟ ولماذا تكررين
الأمر نفسه دائماً: حدث ما حدث...

لم تجب!

بدأ الضوء يتسلل من النافذة، وتعالت الأصوات في الحديقة،
وتناهى إلى مسامعهما نباح مفاجئ وغاضب ويائس... نزلت من
السرير بهدوء، وضغطت بيديها على عينيها، وهزت رأسها، ثم
مشت بهدوء بجوربيها الصوفيين إلى باب غرفة الضيوف.

فناداها بهدوء وصرامة:

- تانيا.

استدارت، وأجابت بصوت بالكاد مسموع:

- ماذا تريد حضرتك؟

- تعالي إليّ.

- لأي غرض؟

- قلت تعالي.

فاقتربت منه بطاعة، وقد أحنت رأسها كي لا يرى وجهها الباكي.

- حسناً، ماذا تريد حضرتك؟

- اجلسي ولا تبكي. قبليني، هيا.

ثم استقام جالساً، وجلست بجانبه... عانقته وهي تبكي بهدوء، ففكر بيأس: «يا إلهي، ماذا أفعل؟! مرة أخرى هذه الدموع الطفولية الدافئة على وجه طفولي حار... حتى إنها لا تدرك قوة حبي لها! ماذا يمكنني أن أفعل؟ أأصطحبها معي؟ إلى أين؟ إلى أي نوع من الحياة؟ ولو فعلت، كيف ستكون النتيجة؟»

هل أرتبط، وأدمر نفسي إلى الأبد؟

وبدأ يهمس بسرعة، شاعراً بدموعه وهي تدغدغ أنفه وشفتيه:

- تانيشكا، يا فرحتي، لا تبكي. اسمعي، سآتي في الربيع، وأمكث هنا طوال الصيف؛ وسنذهب حقاً إلى «الحديقة الخضراء»- لقد سمعت تلك الأغنية الخاصة بك ولن أنساها أبداً- سنذهب إلى الغابة في الشارابون... هل تتذكرين كيف ركبنا الشارابون من المحطة؟

فهمست بمرارة وهي تهزّ رأسها على صدره، وتخاطبه لأول مرة

باستعمال ضمير المخاطب المفرد «أنت»[17]:

- لن يسمح لي أحد بالدخول معك؛ ولن تذهب إلى أي مكان معي...

لكنه لاحظ في صوتها فرحاً خجولاً وأملاً.

- سأذهب، سأذهب يا تانيشكا! ولا تجرئي على مناداتي بـ«أنتم»[18] بعد الآن. ولا تجرئي على البكاء...

ثم حملها- وهي الخفيفة الجالسة عند قدميه بجوربيها الصوفين- ووضعها على ركبتيه:

- هيا، قولي: «بيتروشا، أنا أحبك كثيراً!».

فكررت ما قاله بغباء، وقد أصابها الفواق لشدة ذرفها الدموع:

- أنا أحبك كثيراً...

حصل ذلك في فبراير من العام السابع عشر الرهيب[19]. لقد كان حينها في القرية لآخر مرة في حياته.

22 أكتوبر 1940

---

(17) صيغة المفرد باللغة الروسية، وهي لمناداة الشخص العادي.

(18) صيغة الجمع باللغة الروسية، وهي لمناداة الشخص باحترام.

(19) يقصد الكاتب أيام ثورة فبراير الروسية عام 1917، والتي ألغت النظام القيصري الروسي.